ABITUR Skript

Erziehungswissenschaft

Gymnasium · Gesamtschule
NRW

STARK

Inhalt

Normen und Ziele in der Erziehung

Identität und Mündigkeit

Autorin: Dr. Mariana Durt

Vorwort

Liebe Schülerinnen und Schüler,

in diesem handlichen Skript finden Sie alle **prüfungsrelevanten Inhalte**, die Sie im Fach **Erziehungswissenschaft** im Abitur beherrschen müssen. Es werden alle Schwerpunktthemen anschaulich dargestellt, die das Schulministerium NRW in seinen inhaltlichen Vorgaben für das Abitur festgelegt hat.
Dieses Skript hilft Ihnen durch seine übersichtliche Struktur, den kompletten Prüfungsstoff kurz vor dem Abitur aufzufrischen und zu wiederholen:

- Im **Inhaltsverzeichnis** finden Sie Untergliederungen zu den drei Kapiteln „Entwicklung, Sozialisation und Identität", „Normen und Ziele in der Erziehung" sowie „Identität und Mündigkeit".
- Wichtige Begriffe werden durch **Fettdruck** hervorgehoben.
- In jedem Kapitel werden **Bezüge zu anderen Abiturthemen** aufgezeigt.
- Mithilfe des **Stichwortverzeichnisses** finden Sie schnell die gesuchten Begriffe.

Viel Erfolg beim Lernen mit diesem Buch!

Dr. Mariana Durt

Entwicklung, Sozialisation und Identität

1 Freuds psychosexueller Erklärungsansatz

Sigmund Freud

- * 1856, † 1939
- 1873–1881: Medizinstudium, Abschluss mit einer Promotion
- 1882–1885: Neurophysiologe am Wiener Krankenhaus
- ab 1886: eigene Praxis als Neurologe
- 1886–1896: Leiter der Abteilung für Neurologie im ersten Wiener Kinderkrankeninstitut

Bezüge zu anderen Abiturthemen
- Eriksons psychosozialer Erklärungsansatz
- Sprachentwicklung und Bedeutung des Spiels nach Schäfer
- Erklärungsansätze für Gewalt und Möglichkeiten der Prävention (Rauchfleisch)
- Erziehung im Nationalsozialismus
- Moralentwicklung nach Kohlberg
- Förderung von Entwicklungsprozessen aus systemischer Sicht: Stierlin

Die Psychoanalyse als Theorie und Therapie

- Freud war der Begründer der Psychoanalyse. Die **Psychoanalyse** ist gleichermaßen eine **Theorie** über die menschliche Psyche wie eine **Therapieform** zur Behandlung psychischer Probleme.
- Freud lebte in einer Zeit, die ausgesprochen sexualfeindlich war. Dementsprechend häufig äußerten sich damals psychische Störungen in Form von **Sexualneurosen**. Dies brachte Freud dazu, sich intensiv mit der Bedeutung der Sexualität für die psychische Entwicklung zu beschäftigen.

- Durch seine ärztliche Tätigkeit als Neurologe kam Freud in Kontakt mit Patientinnen, die unter **Hysterie** litten. Die Hysterie (abgeleitet vom griechischen „Hystera" = Gebärmutter) ist eine **psychosomatische Erkrankung**, die sich in körperlichen Symptomen wie Lähmungserscheinungen, Sprachstörungen etc. äußert; zu Freuds Zeit trat sie bei Frauen vergleichsweise häufig auf. Die Hysterie wird auf unverarbeitete psychische Konflikte zurückgeführt. Freud wandte – wie auch andere Neurologen seiner Zeit – bei dieser Erkrankung die Hypnose an. Dabei machte er die Erfahrung, dass die Symptome nur vorübergehend verschwanden, und dass eine „Redekur" auf Dauer zu besseren Resultaten führte. Daraufhin entwickelte er die **Psychoanalyse**, eine Therapieform, bei der die Patienten davon erzählen, was sie psychisch beschäftigt, ihre aufkommenden Gefühle äußern und diese mit dem Therapeuten durcharbeiten.
- In der Psychoanalyse versuchte Freud, einen Weg in das **Unbewusste** seiner Patienten zu finden, da er davon ausging, dass die Ursachen der psychischen Erkrankungen in vergessenen oder verdrängten Erfahrungen zu suchen sind.
- Nach Freuds Erkenntnissen lagen die Wurzeln der psychischen Störungen seiner Patienten in deren Kindheit. Eine der ganz wesentlichen Errungenschaften der Psychoanalyse besteht darin, dass sie die **Bedeutung der Kindheit für die Persönlichkeitsentwicklung** im Allgemeinen und für die Entstehung von Persönlichkeitsstörungen im Besonderen herausgearbeitet und bekannt gemacht hat.

Bewusstseinsebenen

- Nach Freud ist der Mensch **„nicht Herr im eigenen Haus"**. Der Grund dafür ist das **Unbewusste:** Jeder Handlung gehen unbewusst ablaufende Prozesse voraus, und das menschliche Handeln wird durch unbewusste Impulse gesteuert.
- Es gibt drei verschiedene **Bewusstseinsebenen:**
  - Im **Unbewussten** spielen sich psychische Vorgänge ab, von denen man nichts weiß. Jeder Handlung geht nach Freud eine Phase voraus, in der Prozesse unbewusst ablaufen. Wenn ein Gedanke auf einen psychischen Widerstand trifft, kann er nicht die

Ebene des Bewusstseins erreichen und verbleibt im Unbewussten.
- Die psychischen Vorgänge im **Vorbewussten** sind zwar nicht präsent, können aber wieder ins Bewusstsein gerufen werden, indem man sich an sie erinnert.
- Im **Bewussten** laufen psychische Vorgänge ab, die eine Person bewusst zur Kenntnis nimmt.

- Die **moderne Neurobiologie** bestätigt Freuds Aussagen, dass Motive zunächst im Unbewussten vorhanden sind, bevor sie ins Bewusstsein vordringen, und dass das Unbewusste einen großen Einfluss auf unsere Gedanken, Gefühle und Handlungen nimmt. Sie sieht aber – anders als Freud – nicht in erster Linie verdrängte psychische Inhalte als Ursache hierfür, sondern die Art, wie das Gehirn Informationen und Wahrnehmungen verarbeitet.

Abwehrmechanismen

- Abwehrmechanismen sind **psychische Schutzmechanismen**, mit deren Hilfe sich Menschen vor angstbesetzten Erfahrungen und Gefühlen zu schützen versuchen, indem sie diese ins Unbewusste „abschieben". Wenn ein Mensch fortgesetzt auf Abwehrmechanismen zurückgreifen muss, um sich vor psychischen Verletzungen zu schützen, so kann dies zu psychischen Erkrankungen führen. Einige wichtige Abwehrmechanismen:
  - **Verdrängung:** Unbewusstmachung von Gefühlen, Wünschen und Bedürfnissen
  - **Projektion:** Übertragung von Eigenschaften, die man an sich selbst nicht wahrhaben kann oder will, auf andere Personen
  - **Verleugnung:** Leugnung unangenehmer Gefühle und Bedürfnisse
  - **Rationalisierung:** Rechtfertigung von Wünschen und Bedürfnissen mit – scheinbar – vernünftigen Gründen, um die wahren Gründe zu verschleiern

Freuds Triebtheorie

- Der Psychoanalyse liegt eine **Triebtheorie** zugrunde. Freud geht davon aus, dass das menschliche Streben vorrangig auf die Befriedigung **sexueller Triebimpulse** ausgerichtet ist.
- Der Begriff Sexualität wird von Freud anders benutzt, als dies üblicherweise der Fall ist, denn er unterscheidet zwischen **Sexualität** und **Genitalität**. Die „Genitalität" ist gleichzusetzen mit dem, was man allgemein unter Sexualität versteht. Mit dem Begriff Sexualität bezeichnet Freud hingegen einen biologisch verankerten Grundtrieb, die **Libido**, die nach **Lustgewinn** strebt. Mit „sexuell" wird somit alles bezeichnet, das der körperlichen Lustbefriedigung dient.
- Sexuelle Bedürfnisse bestehen bereits kurz nach der Geburt. Auch Kinder haben also sexuelle Empfindungen. Im Verlauf der Entwicklung des Kindes zum Erwachsenen richtet sich die Libido auf verschiedene Körperzonen.
- Das **Triebschicksal**, das ein Mensch im Kindesalter hatte, bestimmt darüber, ob er im Erwachsenenalter psychisch gesund ist. Dies ist nach Freud der Fall, wenn er liebes- und arbeitsfähig ist.
- Freud leistete mit seinen Ausführungen zur Bedeutung der Sexualität einen wichtigen Beitrag zur **Enttabuisierung der Sexualität**.
- Zweifellos ist die Sexualität eine buchstäblich sehr bedeutende Trieb-Kraft für menschliches Handeln. Aber es ist fraglich, ob alles menschliche Handeln weitestgehend auf das Bestreben zurückgeführt werden kann, Lustbefriedigung, insbesondere genitale Lustbefriedigung zu erzielen.
- Fragwürdig ist auch Freuds Annahme, dass psychische Konflikte generell auf Störungen in der kindlichen Triebentwicklung zurückgehen. Heutzutage führen viele Analytiker psychische Störungen nicht mehr vorrangig auf Störungen der psychosexuellen Entwicklung, sondern auf **Beziehungsstörungen** im Kindesalter zurück.

Das psychosexuelle Phasenmodell

- Das **psychosexuelle Phasenmodell** basiert auf Freuds Triebtheorie. Die Triebentwicklung findet danach in fünf aufeinanderfolgenden psychosexuellen Phasen statt, in denen es unterschiedliche **erogene Zonen** gibt, die dem Kind Lustgefühle verschaffen:

- In der **oralen Phase**, die sich über das **erste Lebensjahr** erstreckt, erzielt das Baby Lustgefühle über das Saugen. Dies gilt nicht nur für die Nahrungsaufnahme. Das Baby strebt danach, alles in den Mund zu stecken und daran zu nuckeln.
- Die **anale Phase** läuft ca. vom **ersten bis zum dritten Lebensjahr** ab. Das Kleinkind lernt allmählich, seine Ausscheidungsorgane zu beherrschen, was mit Lustgefühlen verbunden ist. Das Kind hat ein starkes Interesse an allem, was mit den Ausscheidungsfunktionen zusammenhängt.
- In der **infantil-genitalen Phase** (von Freud phallische oder ödipale Phase genannt), die sich ca. vom **dritten bis zum sechsten Lebensjahr** erstreckt, richtet sich das Interesse des Kindes auf die Sexualorgane und alles, was damit zusammenhängt. In dieser Phase beginnt das Kind, seine geschlechtsspezifische Identität zu entwickeln, indem es sich mit dem gleichgeschlechtlichen Elternteil identifiziert. Nach Freud findet in dieser Phase die Gewissensbildung statt.
- Während der **Latenzzeit**, ca. **vom sechsten Lebensjahr bis zum Beginn der Pubertät**, „ruht" die Triebentwicklung. Das Kind interessiert sich in diesem Zeitraum vor allem für kognitive und soziale Zusammenhänge.
- In der **genitalen Phase**, die den Zeitraum der **Pubertät** umfasst, richtet sich das Interesse auf die Sexualität und die damit verbundenen Lustgefühle. Der Jugendliche fängt an, Beziehungen mit – in den meisten Fällen – andersgeschlechtlichen Partnern einzugehen.

• Freuds Phasenmodell wird heutzutage in einigen Punkten zu Recht kritisiert. So war Freud beispielsweise der Auffassung, dass Jungen im Vorschulalter einen **Ödipuskomplex** entwickelten und unter **Kastrationsängsten** litten. Dies seien universale Phänomene, die zu allen Zeiten und in allen Kulturen auftreten. Das ist aber nicht der Fall. Ebenso wenig leiden Mädchen im Vorschulalter generell unter **Penisneid**. Freud interpretierte die Neidgefühle einiger seiner Patientinnen auf das männliche Geschlecht als organisch bedingt und realisierte nicht, dass sie ursächlich mit der damaligen gesellschaftlichen Stellung der Frauen zusammenhingen.

Das Instanzenmodell („psychischer Apparat“)

- Die Persönlichkeitsstruktur setzt sich nach Freud aus drei Instanzen zusammen: **ES, Über-ICH** und **ICH**. Diese Instanzen stehen in einem **Spannungsverhältnis**.
  - Das **ES** ist nach Freud der „dunkle, unzugängliche Teil unserer Persönlichkeit“, der in Träumen und in neurotischen Symptomen zum Ausdruck kommt. Es beinhaltet die **Triebbedürfnisse**, die nach Befriedigung drängen, und funktioniert nach dem **Lustprinzip**. Das ES ist von Geburt an vorhanden.
  - Das **Über-ICH** ist gleichzusetzen mit dem **Gewissen**. Es entwickelt sich im Laufe der Kindheit. Das Kind identifiziert sich mit seinen Eltern und internalisiert, also verinnerlicht deren **Normen und Werte**. Dabei spielt die gefühlsmäßige Bindung des Kindes an seine Eltern eine wichtige Rolle. Das Über-ICH ist auch Träger des ICH-Ideals, das ebenfalls stark von den elterlichen Vorstellungen geprägt ist.
  - Das **ICH** ist die **Vermittlungsinstanz** zwischen ES und Über-ICH. Es nimmt die Anforderungen der Außenwelt wahr, ebenso wie die Triebwünsche des ES und die Ansprüche, die das Über-ICH stellt, und versucht, den verschiedenen Anforderungen zu genügen. Beim ICH kommt das **Realitätsprinzip** zum Tragen. Die aus dem ES stammenden Triebwünsche müssen ins ICH integriert und mit den Anforderungen der Außenwelt und des Über-ICH in Einklang gebracht werden.

Pädagogische Konsequenzen

- Die Kenntnis der Bedeutung des Unbewussten regt dazu an, das eigene erzieherische Handeln im Hinblick auf die möglicherweise zugrunde liegenden **Motive zu reflektieren**.
- Wer weiß, dass die Interaktionen mit anderen Menschen eine Tiefendimension aufweisen, die unter der Oberfläche des Wahrnehmbaren verborgen ist, wird sensibilisiert für psychodynamische Prozesse und gewinnt an **kommunikativer Kompetenz**.
- Kinder haben unbewusste Bedürfnisse, die sie nur versteckt zum Ausdruck bringen. Erwachsene sollten **sensibel** sein für die entsprechenden Signale des Kindes.

- Für Eltern ist es wichtig zu wissen, dass ihre Kinder eine Entwicklung durchlaufen, in der sie Lustgewinn erzielen, indem sie sich mit verschiedenen Körperregionen intensiv beschäftigen.
- Ein bedeutsames Erziehungsziel ist die **Gewissensbildung**. Menschen mit einem zu harten Über-ICH leiden unter Schuldgefühlen und Ängsten, wohingegen Menschen mit einem zu schwach ausgeprägten Über-ICH in moralischer Hinsicht orientierungslos sind. Beide Extreme gilt es zu vermeiden.
  - Ziel der Erziehung sollte sein, dass das Kind bzw. der Jugendliche im Laufe der Jahre ein **selbstreflexives Gewissen** entwickelt. Ein Mensch verfügt darüber, wenn er nicht stur den Vorgaben von Autoritäten folgt, sondern die vorgegebenen Normen und Werte sowie sein eigenes Tun kritisch hinterfragt.
  - Eltern können ihre Kinder bei der Gewissensbildung unterstützen, indem sie deren **Empathievermögen** stärken, mit ihren Kindern über moralische Fragen diskutieren und indem sie in moralischen Fragen glaubwürdig sind.
- Ein weiteres wichtiges Erziehungsziel ist die Entwicklung von **ICH-Stärke**. Darüber verfügt ein Mensch, wenn er in der Lage ist, seine Triebbedürfnisse zu berücksichtigen, ohne mit den Anforderungen der Außenwelt und des Gewissens in Konflikt zu kommen. Der Aufbau von ICH-Stärke kann durch die Erziehung gefördert werden:
  - Dem Kind muss es einerseits in jeder Altersphase gestattet werden, seine jeweiligen Triebimpulse auszuleben, da eine restriktive Erziehung nicht entwicklungsfördernd ist. So kann z. B. eine verfrühte und strenge Sauberkeitserziehung in der analen Phase zu Ekel vor natürlichen Körperprozessen führen.
  - Andererseits müssen Kinder mit zunehmendem Alter lernen, ihre **Triebimpulse zu kontrollieren**, und allmählich die Fähigkeit zum Triebaufschub erwerben. Dabei muss berücksichtigt werden, dass jedes Kind anders reagiert und individuell behandelt werden muss.
  - Die Erwachsenen müssen dem Kind dabei helfen, mit zunehmendem Alter ein Repertoire an Verhaltensmöglichkeiten für verschiedene Situationen aufzubauen, in denen die Triebwünsche mit den Anforderungen der Realität in Konflikt geraten.

2 Eriksons psychosozialer Erklärungsansatz

Erik H. Erikson

- * 1902, † 1994
- Besuch einer Kunstakademie, Hinwendung zur Psychoanalyse durch den Kontakt mit Anna Freud
- Ausbildung zum Psychoanalytiker
- Professor für Entwicklungspsychologie in Berkeley und in Harvard

Bezüge zu anderen Abiturthemen
- Freuds psychosexueller Erklärungsansatz
- Sozialisation als Rollenlernen nach Mead
- Hurrelmanns Modell der produktiven Realitätsverarbeitung
- Erklärungsansätze für Gewalt und Möglichkeiten der Prävention
- Förderung von Entwicklungsprozessen aus systemischer Sicht: Stierlin
- Symbolischer Interaktionismus nach Krappmann

Kerngedanken

- Eriksons **psychosoziales Phasenmodell** baut auf Freuds Entwicklungsmodell auf, erweitert aber dessen Umfang und Inhalt:
  - Erikson ergänzt Freuds Phasenmodell, das aus fünf Phasen besteht, um **drei weitere Phasen**, die sich auf das Erwachsenenalter beziehen.
  - Inhaltlich ergänzt Erikson Freuds psychosexuelles Phasenmodell um **soziale Aspekte**. Er interpretiert die Persönlichkeitsentwicklung somit nicht ausschließlich triebtheoretisch, sondern auch **psychosozial**.
- Nach Erikson erfolgt die Persönlichkeitsentwicklung gemäß dem **epigenetischen Prinzip:** Danach gehorcht Entwicklung inneren Entwicklungsgesetzen und erfolgt in einer bestimmten Reihenfolge von aufeinander aufbauenden Stufen.
- Erikson hat ein **Phasenmodell** der menschlichen Entwicklung erstellt, das den gesamten Lebenslauf umfasst. Es ist **idealtypisch**,

denn es zeichnet nur grobe Entwicklungslinien auf, die für Menschen in allen Kulturen gelten: In jeder Lebensphase laufen **biologisch bedingte Reifungsprozesse** ab, die Menschen verändern, und es stellen sich **unterschiedliche soziale Anforderungen**, denen die Menschen gerecht werden müssen. In jeder Entwicklungsphase machen Menschen also Erfahrungen, die für das jeweilige Stadium typisch sind und Einfluss auf ihre weitere Persönlichkeitsentwicklung nehmen. Erikson geht dabei von „**Normal-Biografien**" aus, wie sie zu seiner Zeit für Männer und Frauen typisch waren. Heutzutage gibt es allerdings in Industrieländern immer weniger standardisierte Lebensläufe, sodass es im Erwachsenenalter häufig – wie z. B. bei Scheidungen – zu gravierenden Umbrüchen kommt.

- Das Phasenmodell besteht aus **acht Phasen**, wobei in jeder Phase typische **Kernkonflikte** auftreten, die mit **Krisen** verbunden sind, die zum Ende des jeweiligen Stadiums zu einer Lösung kommen. Die Bewältigung dieser Krisen ist **entwicklungsfördernd**.
- Wenn ein Mensch eine phasentypische Krise konstruktiv bewältigt, erwirbt er Kompetenzen, die für seine weitere Persönlichkeitsentwicklung **positiv** sind. Bewältigt er die Entwicklungskrise hingegen nicht konstruktiv, so bilden sich Eigenschaften heraus, die für seine weitere Persönlichkeitsentwicklung **negativ** sind.
- Kein Mensch durchläuft sämtliche Entwicklungsphasen optimal und erringt nur die positiven Komponenten der jeweiligen Phase. Dies wäre nicht einmal wünschenswert, denn in einem gewissen Maß sind die negativen Komponenten für ein realitätsgerechtes Handeln erforderlich und gehören zum Menschsein dazu. Es kommt darauf an, dass in jeder Phase die **positiven Komponenten möglichst stark überwiegen**.
- Die Persönlichkeitsentwicklung eines Menschen beginnt damit, dass er als Säugling von Personen umgeben ist, die für ihn sorgen und mit denen er in eine **wechselseitige Beziehung** tritt. Im Laufe von Kindheit und Jugend erweitert sich der Radius von Menschen und Institutionen, mit denen ein Mensch in Kontakt kommt. Die Persönlichkeit entwickelt sich also immer im Kontext sozialer Beziehungen.

- **Zentraler Aspekt** von Eriksons Entwicklungsmodell ist die **Identitätsentwicklung**. Identität ist die Kontinuität des Selbsterlebens im Wandel der Zeit: Menschen entwickeln ein Bild von sich selbst, das sie im Laufe ihres Lebens immer wieder an neue Gegebenheiten anpassen müssen. Die Identitätsentwicklung ist somit ein **lebenslanger Prozess**. Die ersten Bausteine der Identitätsentwicklung werden in der frühen Kindheit gelegt, aber die erstmalige Auseinandersetzung eines Menschen mit der Frage „Wer bin ich?" erfolgt erst im **Jugendalter**.

2.1 Die Entwicklungsphasen des Kindesalters

- Im **ersten Lebensjahr** lautet der Kernkonflikt „**Urvertrauen versus Urmisstrauen**". Der Säugling erwirbt in dieser Phase durch die **emotionale Bindung** an seine Bezugspersonen ein grundlegendes Gefühl von Sicherheit. Kann das Kind keine sichere Bindung aufbauen, entwickelt es Angst und ein existenzielles Gefühl von Unsicherheit und Misstrauen.
  - Schon im ersten Lebensjahr eines Menschen, zu einer Zeit also, die keine bewussten Erinnerungsspuren hinterlässt, werden zentrale Weichen für seine Persönlichkeitsentwicklung gestellt: „**Das Urvertrauen ist der Eckstein der gesunden Persönlichkeit**", schreibt Erikson.
  - Ob ein Kind Urvertrauen entwickeln kann, hängt nach Erikson von der **Qualität der Mutter-Kind-Beziehung** ab. Die Mutter muss **einfühlsam** auf die Bedürfnisse des Kindes eingehen und das Kind **zuverlässig** betreuen. Aus heutiger Sicht ist zu ergänzen, dass diese Aussage ebenso für Väter gilt.
  - Die eminente Bedeutung der frühen Kindheit wird durch die moderne **Bindungsforschung** bestätigt. **Sicher gebundene Kinder** verfügen über **Urvertrauen** und sind psychisch stabil. Der **Bindungsstil**, der in der Kindheit erworben wird, zieht sich durch das weitere Leben und beeinflusst auch das Verhalten in späteren Beziehungen.
- Ca. vom **ersten bis zum dritten Lebensjahr** lautet der Kernkonflikt „**Autonomie versus Scham und Zweifel**". Das Kleinkind

lernt zu laufen und zu sprechen und erlebt sich somit ansatzweise als jemand, der eigenständig handelt. Es hat schon seinen „eigenen Kopf“ – nicht von ungefähr wird diese Phase auch „Trotzphase“ genannt. In dieser Phase findet die Sauberkeitserziehung statt. Wenn das Kind getadelt wird, weil es noch nicht sauber ist, kann das zu Gefühlen von Scham und Zweifel führen, ebenso, wenn es insgesamt ständig eingeschränkt und getadelt wird.

- Ca. vom **dritten bis zum sechsten Lebensjahr** heißt der Kernkonflikt „**Initiative versus Schuldgefühl**“. In diesem Alter ist das Liebesobjekt des Kindes der gegengeschlechtliche Elternteil. Ihn versucht es zu „erobern“. In dieser Phase findet die Gewissensbildung statt; das Kind identifiziert sich mit den elterlichen Normen und Werten und entwickelt Schuldgefühle, wenn es sich nicht so verhält, wie seine Eltern das wünschen.
- Ca. vom **sechsten bis zum zwölften Lebensjahr**, also im Grundschulalter, ist das Kind damit beschäftigt, sein Wissen zu vergrößern und intellektuelle sowie soziale Kompetenzen zu erlangen. Erikson benutzt hierfür den Ausdruck „Werksinn“. Wenn das Kind wenige Erfolgserlebnisse hat, entwickelt es Minderwertigkeitsgefühle. Der Kernkonflikt dieser Phase lautet „**Werksinn versus Minderwertigkeit**“.

2.2 Die Entwicklungsphasen des Jugend- und Erwachsenenalters

- In der Zeit der **Adoleszenz**, die mit Einsetzen der **Pubertät** beginnt, stellt sich dem Jugendlichen erstmalig die Aufgabe, seine **Identität** zu finden. Wenn ihm dies nicht in genügendem Maße gelingt, weil ihm selbst unklar ist, wer er eigentlich ist und wie er sein will, wird er dadurch verunsichert. Der Kernkonflikt dieser Phase lautet „**Identität versus Identitätsdiffusion**“.
  - In der Jugendzeit wächst das Kind zum Erwachsenen heran und löst sich allmählich von seinem Elternhaus. In dieser Zeit finden massive **körperliche und soziale Umbrüche** statt, die der Jugendliche verarbeiten muss. Dafür braucht er Zeit. Erikson fordert, dass dem Jugendlichen ein **Moratorium** eingeräumt wird,

d. h. eine Zeit, in der ihm Spielräume ermöglicht werden, um sich zu erproben, und in der er für seine Handlungen noch nicht wie ein Erwachsener zur Rechenschaft gezogen wird.
- In der Jugendzeit muss der Jugendliche die in den vorangegangenen Entwicklungsphasen gemachten Erfahrungen in ein **Selbstkonzept** integrieren und in Auseinandersetzung mit den gesellschaftlichen Identitätsangeboten seine eigene Identität entwickeln.
- Die **Gefahr** der Jugendzeit liegt in der **Identitätsdiffusion** – dem Verschwimmen der Identität.
- Ein typisches Symptom für Identitätsdiffusion ist die **Flucht vor den sozialen Anforderungen:** Jugendliche „tauchen ab", indem sie die Schule „schwänzen", unzuverlässig zur Arbeit kommen oder sich in seltsame Stimmungen hineinfallen lassen.
- Um Gefühle von **Identitätsdiffusion abzuwehren**, schließen sich Jugendliche in Cliquen zusammen, überidentifizieren sich mit Idolen, sind intolerant gegenüber Menschen, die in irgendeiner Art „anders" sind, wobei manchmal schon geringfügige Abweichungen für feindselige Reaktionen reichen.

- Im **frühen Erwachsenenalter** gehen Menschen **partnerschaftliche Bindungen** ein. Dies ist aber nur möglich, wenn sie sich auf **körperliche und psychische Nähe** einlassen können. Wenn es ihnen nicht gelingt, ihre Bedürfnisse nach Bindung und Nähe zu befriedigen, und sie diese eventuell sogar leugnen, entwickeln sie Gefühle von Einsamkeit und Isolation. Der Kernkonflikt dieser Phase lautet „**Intimität versus Isolation**".
- Im **mittleren Erwachsenenalter** richtet sich die Kraft von Menschen vor allem auf die Gebiete von Familie und Beruf. Sie sorgen für Kinder – gleichzeitig auch oft für ihre alten Eltern – und erbringen Leistungen im Beruf. Mit ihrem Schaffen sichern sie den gesellschaftlichen Fortbestand und tragen zur Weiterentwicklung der Gesellschaft bei. Gleichzeitig entwickeln sie hierdurch ihre eigene Persönlichkeit weiter. Wenn Menschen nur um sich selbst und gegebenenfalls noch um ihren Partner kreisen, fehlen ihnen Impulse zur psychosozialen Weiterentwicklung. Der Kernkonflikt dieser Phase lautet „**Generativität versus Stagnation**". Erikson bezieht

den Begriff Generativität zwar besonders auf die Sorge für die zukünftigen Generationen, aber **generativ** im Sinne von „**schaffend**" können auch Menschen sein, die keine Kinder haben und auf andere Weise, z. B. als Künstler, **produktiv** sind und an gesellschaftlichen Prozessen teilhaben.

- Im **späten Erwachsenenalter** blickt ein Mensch auf sein Leben zurück und zieht Bilanz. Es stellt sich ihm die Frage, ob er mit seinem Leben im Großen und Ganzen zufrieden ist und sich damit arrangieren kann, dass sich nicht all seine Hoffnungen erfüllt haben, oder ob er mit Bitterkeit auf sein Leben zurückblickt und keinen Lebenssinn für sich gefunden hat. Der Kernkonflikt dieser Phase lautet „**Ich-Integrität versus Verzweiflung**".

2.3 Pädagogische Konsequenzen

- Jede Entwicklungsphase ist für die psychosoziale Entwicklung eines Menschen wichtig und in jeder Phase können gravierende Störungen auftreten, welche die weitere Entwicklung beeinträchtigen. Deswegen sollten Eltern in **jeder Altersphase** feinfühlig auf die Bedürfnisse ihrer Kinder achten und sich ausreichend Zeit für das Familienleben nehmen.
- Damit Kinder zu psychisch stabilen Menschen heranwachsen, ist es wichtig, dass sie in jeder Lebensphase Erfahrungen von **Selbstwirksamkeit** machen können. Dies beginnt schon beim Säugling, der erlebt, dass sich seine Eltern um ihn kümmern, wenn er schreit. Das Kleinkind, das versucht, ein bisschen **autonom** zu sein, indem es ohne Hilfe gehen will, das Vorschulkind, das auf vielfältige Weise **initiativ** wird, das Grundschulkind mit seinem **Werksinn**, das etwas leisten möchte, der Jugendliche auf der Suche nach seiner **Identität**, sie alle möchten selbstwirksam handeln und dabei unterstützt werden. Allgemein lässt sich dazu Folgendes sagen:
  - Eltern sollten dem Kind Geborgenheit und einen sicheren **Orientierungsrahmen** geben und ihm gleichzeitig ermöglichen, **eigenständig** Erfahrungen zu machen.

- Das Kind sollte – seinem jeweiligen Alter entsprechend – **eigene Entscheidungen** treffen können. Mit zunehmendem Alter sollte es in die Verantwortung für sein Handeln eingebunden werden.
- Eltern und Erzieher sollten es dem Kind ermöglichen, häufig **Erfolgsergebnisse** zu erzielen, gleichzeitig aber sollten sie nicht versuchen, das Kind vor sämtlichen Frustrationen zu bewahren.

• Die Erziehung in Elternhaus, Kindergarten und Schule sollte darauf ausgerichtet sein, das Kind dabei zu unterstützen, die **altersspezifischen Fähigkeiten zu erringen** und die mit jeder Altersphase verbundenen **Entwicklungskrisen zu meistern:**
  - Liebevolle und zuverlässige Eltern fördern das **Urvertrauen** bei ihren Kindern. Da in der frühen Kindheit der Aufbau **sicherer Bindungen** von ausschlaggebender Bedeutung ist, sollten Eltern, die ihre Kinder frühzeitig in Kinderkrippen geben, unbedingt darauf achten, dass dort ein guter Personalschlüssel vorhanden ist, d. h. dass eine Erziehungsperson sich nicht um zu viele Kinder kümmern muss, dass das Personal gut qualifiziert ist und dass möglichst wenig Fluktuation beim Personal herrscht.
  - Die Grundlagen der **Gewissensbildung** werden im Vorschulalter gelegt. Dabei spielen die Gefühle des Kindes zu seinen Bezugspersonen eine bedeutsame Rolle. Die **Beziehungsqualität** ist somit sehr wichtig.
  - Jugendlichen sollten Freiräume zur Selbstentfaltung zugestanden werden, es sollte ihnen aber von den Erwachsenen auch ein Rahmen aufgezeigt werden, an dem sie sich orientieren können und sollen.

3 Kognitive Entwicklung nach Piaget

Jean Piaget

- * 1896, † 1980
- Schweizer Entwicklungspsychologe

Bezüge zu anderen Abiturthemen
- Montessoripädagogik
- Bedeutung des Spiels nach Schäfer
- Bildungs- und Schultheorie: Reaktionen auf PISA

Kerngedanken

- Das Kind treibt auf der Grundlage seines jeweiligen Reifestandes in der Interaktion mit seiner sozialen und personellen Umwelt seinen Entwicklungsprozess voran. Reifungsprozesse und Erfahrungsprozesse sind gleichermaßen wichtig.
- Piaget vertritt einen **konstruktivistischen Ansatz:** Danach wird **Wissen** nicht passiv aufgenommen, sondern **aktiv konstruiert**. Das Kind ist mit der ständigen Konstruktion und Rekonstruktion seines Selbst- und Weltverständnisses beschäftigt. Kinder entwickeln ihr Bild von der Welt, indem sie sich handelnd mit ihrer Umwelt auseinandersetzen („Keine Kenntnis ohne Handlung").
- Jeder Mensch entwickelt im Laufe seines Lebens bestimmte Denkmuster. Diese kognitiven Strukturen, von Piaget „**Schemata**" genannt, entstehen durch **Assimilations- und Akkommodationsprozesse**. Beides sind Formen der Anpassung an die Umwelt (**Adaptation**). Bei der Assimilation werden neue Informationen in bereits vorhandene Schemata eingefügt. Bei der Akkommodation werden Schemata umstrukturiert. Immer wenn sich kognitive Ungleichgewichte aufbauen, weil die vorhandenen kognitiven Strukturen nicht mit neuen Informationen oder Erfahrungen übereinstimmen, erfolgen Akkommodationsprozesse. Durch das ständige Wechselspiel von Assimilation und Akkommodation bilden sich immer neue kognitive Gleichgewichtszustände (**Äquilibrien**) heraus, wo-

bei ein immer höheres kognitives Niveau erreicht wird. Das Streben nach einem Gleichgewicht zwischen vorhandenen Denkstrukturen und neuem Wissen und Erfahrungen ist der Motor der kognitiven Entwicklung. Kinder entwickeln mit der Zeit immer komplexere intellektuelle Fähigkeiten, indem sie fortlaufend ein Gleichgewicht anstreben zwischen dem, was sie gegenwärtig wahrnehmen, wissen und verstehen, und dem, was für sie aus irgendeinem neuen Phänomen, einer neuen Erfahrung oder einem Problem ersichtlich wird. Wenn die gegenwärtig vorhandenen Fähigkeiten ausreichen, mit der neuen Situation fertig zu werden, bleibt das Gleichgewicht ungestört. Wenn sie nicht ausreichen, kommt es zu einer Umstrukturierung der Denkmuster, und ein neues Gleichgewicht bildet sich heraus. Auf diese Weise passt das Kind seine kognitiven Strukturen im Laufe seiner Entwicklung immer besser an seine Umwelt an.

Phasenmodell

Laut Piaget erfolgt die kognitive Entwicklung in vier Stadien, die aufeinander aufbauen und universal beobachtbar sind:

- **Sensomotorisches Stadium** (0 bis ca. 2 Jahre): angeborene Schemata: Greifen und Saugen; wesentliches Merkmal: Entwicklung von Objektpermanenz etwa ab dem achten Monat
- **Präoperatorisches Stadium** (ca. 2 bis ca. 7 Jahre): Fähigkeit zur geistigen Repräsentation von Gegenständen und Ereignissen

  Merkmale des präoperatorischen Stadiums:
  - **Magisches Denken:** Erscheinungen, z. B. Naturphänomene, werden nicht realistisch und rational gedeutet, sondern als Ergebnis des Wirkens höherer Mächte oder von Kräften, die den Dingen selber innewohnen. Die Dinge haben ein Eigenleben und werden personifiziert, wie z. B. Wind und Wolken. Der Glaube an Zauberer, Weihnachtsmann etc. besteht nicht nur, weil Erwachsene dem Kind diesen Glauben vermitteln, sondern auch, weil er beim Kind auf fruchtbaren Boden fällt, da er seinem Denken entspricht.

- **Egozentrismus:** Das Kind kann Dinge und Menschen nur aus seiner eigenen Perspektive betrachten (Beispiel: Drei-Berge-Aufgabe).
- **Zentriertes Denken:** Nur ein Wahrnehmungspunkt oder nur ein Merkmal wird berücksichtigt. Das Kind realisiert bei der „Umschüttaufgabe" nicht, dass das Volumen einer Flüssigkeit gleich bleibt, wenn diese von einem breiten in ein hohes Gefäß geschüttet wird (**Invarianzproblem**).
- **Klassifikationsprobleme:** Das Kind kann z. B. Perlen unterschiedlicher Farbe und Größe nicht systematisch ordnen.

- **Konkret-operatorisches Stadium** (ca. 7 bis ca. 11 Jahre): Fähigkeit zum reversiblen Denken, zur Dezentrierung, zur Reihenbildung, zur systematischen Klassifikation von Gegenständen. Das Kind ist aber noch auf konkreten Augenschein und auf konkrete Beispiele angewiesen.
- **Formal-operatorisches Stadium** (ab ca. 11 Jahre): Fähigkeit zum abstrakten logischen Denken; jugendlicher Egozentrismus

Pädagogische Folgerungen

- Da Kinder nur ihrem jeweiligen Reifestand entsprechende Denkoperationen durchführen können, lässt sich die kognitive Entwicklung nicht immens beschleunigen.
- Die kognitive Entwicklung wird durch Problemstellungen gefördert, die dem Reifestand des Kindes angemessen sind, ihm Denkanstöße liefern und es zum eigenständigen Problemlösen herausfordern. Das Kind muss selbstständig Entdeckungen machen können. Es braucht dafür eine anregende Umgebung.

Kritik an Piaget

- Die kognitiven Fähigkeiten von Kindern, insbesondere Säuglingen, sind teilweise weiter entwickelt, als Piaget annahm. Zu Fehleinschätzungen kommt es, wenn bei Kindern Kompetenz und Performanz noch nicht übereinstimmen. Sie erkennen dann bestimmte Zusammenhänge zwar schon, sind aber noch nicht dazu in der Lage, dies zu zeigen.
- Piaget schätzt den Beitrag der Umwelt für den Aufbau kognitiver Strukturen des Kindes zu gering ein.
- Piaget ist ein „Intellektualist“, der sich nicht mit Gefühlen beschäftigte. Aber immerhin erkennt er an, dass die Affektivität die Triebfeder der kognitiven Entwicklung ist.

4 Sozialisation als Rollenlernen nach Mead

George Herbert Mead

- * 1863, † 1931
- US-amerikanischer Soziologe
- Begründer der Rollentheorie des „Symbolischen Interaktionismus"

Bezüge zu anderen Abiturthemen
- Bedeutung des Spiels nach Schäfer
- Hurrelmanns Modell der produktiven Realitätsverarbeitung
- Symbolischer Interaktionismus nach Krappmann

Kerngedanken

- Menschen verständigen sich gestisch, mimisch und sprachlich auf der Grundlage geteilter Symbole. Die eigene Person („**Ego**") und das menschliche Gegenüber („**Alter**") treten miteinander in symbolische Interaktionen.
- Die Sozialisation beruht auf **Interaktionsprozessen**. Sie hat ein Doppelgesicht, da sie sowohl der **Vergesellschaftung** als auch der **Individuation** dient.
- Gesellschaftliche Rollen werden im Verlauf des Sozialisationsprozesses erlernt. Der Rollenerwerb geschieht in **zwei Entwicklungsstufen**:
  - Auf der ersten Stufe identifiziert sich das Kind mit seinen unmittelbaren Bezugspersonen, von Mead „**signifikante Andere**" genannt, und übernimmt deren Rollen im Spiel. Das kindliche Rollenspiel, bei dem das Kind z. B. abwechselnd in die Rolle der Mutter oder die des Kindes schlüpft, nennt Mead „**play**". Das Kind erwirbt durch diese Art von Rollenspielen die Fähigkeit, die Perspektiven zu wechseln und das eigene Verhalten an den Erwartungen anderer Menschen zu orientieren. Es lernt, sich von außen zu sehen, was eine wichtige Voraussetzung dafür ist, später eine eigene Identität zu entwickeln, denn nur durch den

Umweg über ihre Mitmenschen erwerben Menschen eine eigene Identität.

- Auf der zweiten Stufe erweitert sich das Rollenspektrum. Das Kind lernt, komplexere Spiele zu spielen, bei denen gleichzeitig verschiedene Rollen und unterschiedliche Perspektiven beachtet und **vorgegebene Regeln** eingehalten werden müssen. Typische Spiele dieser Art, von Mead „**game**" genannt, sind Mannschaftsspiele, wie z. B. Fußball. Die Rollenerwartungen bei derartigen Spielen beruhen auf personenunabhängigen, allgemeingültigen Regeln, die für alle Teilnehmer verbindlich sind. Die Teilnehmer bzw. allgemein eine soziale Gruppe mit ihren jeweiligen Erwartungen an das Handeln ihrer Mitglieder werden von Mead „**generalisierter Anderer**" genannt. Auf einer abstrakten Ebene lassen sich ganz allgemein die gesellschaftlichen Rollen als „generalisierter Anderer" bezeichnen. Träger von gesellschaftlichen Rollen, wie z. B. Lehrer, sind somit Vertreter des generalisierten Anderen.

- **Rollen** sind nicht statisch und determinieren das Verhalten der Rollenspieler, sondern sie enthalten **Interpretationsspielräume** und ermöglichen den Individuen unterschiedliche Formen der Umsetzung: Jeder Mensch füllt seine Rolle im Prozess der Interaktion individuell aus. Die Rollenübernahme wird als „**role-taking**" und die individuelle Gestaltung der Rolle als „**role-making**" bezeichnet.
- Die Identität, von Mead als „**Self**" bezeichnet, entwickelt sich durch Interaktionen mit anderen Menschen. Sie beruht auf der Durchdringung psychischer Komponenten des Individuums, die es unverwechselbar machen, wie z. B. die spontane, impulsive Seite eines Menschen, und gesellschaftlicher Komponenten, wie sie sich in den gesellschaftlichen Rollenerwartungen manifestieren. Mead nennt die personale Seite der Identität „**I**" und die soziale Seite der Identität „**me**". Da die körperlichen und psychischen Bedürfnisse eines Menschen nach Befriedigung und spontanem Ausdruck drängen, kann man das „I" als „impulsives Ich" bezeichnen. Das „me" spiegelt die Erwartungen, die andere Menschen an jemanden herantragen, und lässt sich in diesem Sinne als „reflektiertes Ich" bezeichnen. Da die Persönlichkeit eines Menschen viele Facetten hat

und es viele unterschiedliche Rollenerwartungen gibt, die an ein Individuum herangetragen werden und mit denen es sich auseinandersetzt, hat jeder Mensch viele „I" und „me".

Symbolischer Interaktionismus nach Mead

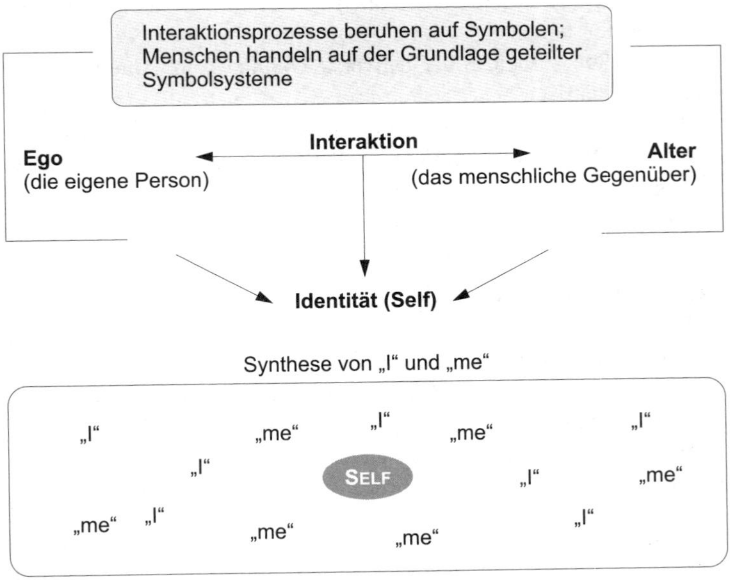

5 Montessoripädagogik

Maria Montessori

- * 1870, † 1952
- 1894–1896: Studium der Medizin und Promotion als eine der ersten Frauen Italiens
- 1896–1898: Arbeit in der Universitätsklinik Rom, Abteilung Kinderpsychiatrie
- 1907: Gründung und Leitung der Kindertagesstätte „casa dei bambini" in Rom, einer Einrichtung für Kinder aus sozial schwachen Familien
- Veröffentlichung ihres Hauptwerkes „Il methodo"

Bezüge zu anderen Abiturthemen
- Eriksons psychosozialer Erklärungsansatz
- Kognitive Entwicklung nach Piaget
- Sprachentwicklung und Bedeutung des Spiels nach Schäfer
- Hurrelmanns Modell der produktiven Realitätsverarbeitung
- Erziehung im Nationalsozialismus
- Bildungs- und Schultheorie: Reaktionen auf PISA (Bedeutung der Frühförderung)

Wissenschaftliche und weltanschauliche Orientierung

- Durch ihr Medizinstudium und ihren ursprünglichen Beruf als Ärztin war Montessori stark **naturwissenschaftlich orientiert**.
- Die Arbeit in der Kinderpsychiatrie führte sie zur Pädagogik, weil sie erkannte, dass die Probleme der meisten ihrer kleinen Patienten nicht medizinischen Ursprungs waren.
- Montessori ist eine Vertreterin der **Reformpädagogik**, einer pädagogischen Strömung, die um die Jahrhundertwende vom 19. zum 20. Jahrhundert entstanden ist und der Pädagogik viele Impulse gegeben hat. Die Vertreter der Reformpädagogik kritisierten die zu ihrer Zeit vorherrschenden autoritären Erziehungspraktiken in Familien und Schulen, setzten sich für einen respektvollen Umgang mit dem Kind ein und entwickelten neue Unterrichtsmethoden.

- Montessoris Bildungskonzept ist das Resultat der Erfahrungen aus der pädagogischen Praxis, in der sie Kinder intensiv beobachtet hat.
- Montessori vertrat ein **christliches Weltbild**. Sie glaubte an ein allgemeines göttliches Prinzip; den Menschen sah sie als Teil der göttlichen kosmischen Ordnung an.
- Ihr Menschenbild war **humanistisch** geprägt: Sie achtete alle Menschen unabhängig von deren Hautfarbe, Religion oder sozialer Herkunft. Leidenschaftlich engagierte sie sich für die Belange von Kindern und setzte sich weltweit dafür ein, dass Kinder als eigenständige Persönlichkeiten geachtet werden.

Bild des Kindes

- Kinder verspüren ein inneres Bedürfnis, sich weiterzuentwickeln, indem sie sich mit ihrer Umwelt aktiv auseinandersetzen.
- Jedes Kind hat eine eigene Persönlichkeit und entwickelt sich individuell.
- Kindern ist mit Hochachtung zu begegnen, denn sie sind Geschöpfe Gottes.

Entwicklungspsychologisches Konzept

- Montessoris Ansatz basiert auf **konstruktivistischem Denken:** Danach entwickelt sich das Kind – auf der Grundlage seines biologisch bedingten Reifestandes – selbsttätig weiter, indem es sich mit seiner Umgebung aktiv auseinandersetzt.
- Die biologische Grundlage der Entwicklung ist ein „**innerer Bauplan**".
- Das Kind ist „**Baumeister seiner selbst**": Es entwickelt sich in der Auseinandersetzung mit seiner Umwelt und treibt dadurch seine Entwicklung voran.
- In der kindlichen Entwicklung gibt es **sensible Phasen**, in denen jeweils einzelne Fähigkeiten besonders gut erlernt werden können.
- Die Entwicklung von Kindern findet in **vier aufeinander aufbauenden Phasen** statt, für die Montessori folgende Bezeichnungen verwendet: **psychischer Embryo** (1.–3. Lebensjahr), **sozialer Embryo** (3.–6. Lebensjahr), **sozialer Neugeborener** (6.–12. Lebens-

jahr), **sozialer Mensch** (ab dem 12. Lebensjahr). Die Phasen sind nicht streng voneinander abgegrenzt und beziehen sich nicht nur auf die **kognitive**, sondern auch auf die **soziale Entwicklung**.
- Wenn Kinder vollkommen in eine Tätigkeit versunken sind, findet eine „**Polarisation der Aufmerksamkeit**" statt.
- Kinder verfügen über einen „**absorbierenden Geist**", eine geistige Kraft, die sie dazu befähigt, Wissen auf unbewusste Weise aufzunehmen und zu speichern. Dies zeigt sich beispielsweise bei der Sprachentwicklung, bei der sich der passive Wortschatz lange Zeit, bevor er aktiv benutzt wird, entwickelt.
- Das kindliche **Spiel** ist für das Kind eine ernsthafte **Arbeit** an seiner Persönlichkeitsbildung.

Aufgaben des Erziehers/der Lehrkraft

- Der Erziehende soll sich zurücknehmen und feinfühlig auf die Entwicklungsbedürfnisse der ihm anvertrauten Kinder achten. Sein wichtigstes Ziel ist es, jedes Kind bei dessen Selbstbildung und Entfaltung seiner Fähigkeiten individuell zu unterstützen. Das Motto lautet: „**Hilf mir, es selbst zu tun!**"
- Er beobachtet das Kind und stellt ihm dem jeweiligen Entwicklungsstand entsprechende didaktische Materialien zur Verfügung. Er erklärt dem Kind, wie das jeweilige Material zu benutzen ist.
- Er schafft eine **vorbereitete Umgebung**, die dem Kind eine Struktur gibt und es zum selbsttätigen Handeln anregt.
- Er sorgt für eine **ruhige Arbeitsatmosphäre**, damit die Kinder konzentriert arbeiten können und sich eine Polarisation der Aufmerksamkeit einstellt.

Methoden und didaktische Besonderheiten

- vorbereitete Umgebung: Strukturierung des Tagesablaufs, der Räumlichkeiten und der Anordnung der Gegenstände und Lernmaterialien in den Räumen
- Freiarbeit: Die Kinder entscheiden innerhalb bestimmter Grenzen selbst, mit welchem Material und an welcher Aufgabe sie arbeiten wollen.
- Stillarbeit

- Gruppenarbeit
- altersgemischte Gruppen, Inklusion von Kindern mit speziellem Förderbedarf
- spezielle Arbeitsmaterialien, welche besonders auf die kognitive Förderung des Kindes abzielen (Sinnes- und Sprachmaterialien, mathematische und geometrische Materialien)
- Übungen des praktischen Lebens
- „kosmische Erziehung“: Es werden soziale und ökologische Zusammenhänge aufgezeigt und ethische Werte wie Friedfertigkeit und Umweltbewusstsein vermittelt.

Unterschiede von Montessori-Materialien zu herkömmlichen Kindergartenmaterialien

- Die Materialien sind für das **Lernen konzipiert** und dienen nicht dem Spielen. Sie dürfen nur entsprechend ihrem intendierten Zweck verwendet werden.
- Die Materialien sind für die **Einzelarbeit** entwickelt.
- Es gibt nur eine **begrenzte Stückzahl** von jedem Material, sodass die Kinder sich einigen müssen, wann jedes Kind mit dem entsprechenden Material arbeiten kann.
- Viele Materialien enthalten eine **Fehlerkontrolle**, mittels derer die Kinder eigenständig ihre Arbeitsergebnisse überprüfen können.
- Bei den Materialien sind oft **einzelne Eigenschaften isoliert**; so unterscheiden sich z. B. Holzwürfel nur in ihrer Form und nicht in ihrer Farbe.

Das Montessori-Konzept in der heutigen Zeit

- Wenn man Montessoris Leistungen würdigen will, muss man den zeitgeschichtlichen Hintergrund berücksichtigen, vor dem ihre Pädagogik entstanden ist. Heutzutage erscheinen Montessoris pädagogische Ansichten nicht außergewöhnlich, aber zu ihrer Zeit waren sie revolutionär.
- Die religiösen Metaphern, die Montessori häufig in ihren Schriften benutzt, klingen mittlerweile oft befremdlich, und viele Aussagen über das Kind und das Verhältnis des Erwachsenen zum Kind wirken pathetisch und schwülstig. Wenn man aber Montessoris Aus-

führungen auf ihren inhaltlichen Kern befragt, so findet man ein **modernes Verständnis von Kindererziehung**. Ihr Ansatz bietet ein **fundiertes Bildungskonzept** für Vorschuleinrichtungen und (Grund-)Schulen.

- Montessoris Entwicklungsansatz entspricht den Erkenntnissen der **modernen Entwicklungspsychologie**.
- Manche Elemente der Montessoripädagogik haben Eingang in konventionelle Kindergärten und Schulen gefunden. So verfügen viele Kindergärten über Montessori-Materialien. Auch in vielen Regelschulen werden – zumindest ansatzweise – Unterrichtsmethoden wie die individuelle Arbeit und die Freiarbeit eingesetzt, weil diese Methoden es Schülern ermöglichen, gemäß ihrer individuellen Fähigkeiten und ihrem eigenen Tempo entsprechend zu arbeiten, und weil die Schüler lernen, selbstständig zu arbeiten.
- Wenn Kindergärten sich **strikt** an das von Montessori entwickelte ursprüngliche Konzept halten, so ist das allerdings problematisch, weil Montessori als Naturwissenschaftlerin wenig Wert auf andere wichtige Aspekte gelegt hat, die für eine allseitige Förderung von Kindern von Bedeutung sind:
  - Die Montessoripädagogik ist auf die Förderung des einzelnen Kindes gerichtet, ist somit **Individualpädagogik**. Die sozialen Bezüge der Kinder untereinander werden nicht beleuchtet. Es wird auch kein Wert auf das freie Zusammen-Spielen der Kinder gelegt. Ungelenkte Interaktionen sind aber wichtig, damit Kinder soziale Erfahrungen machen und z. B. lernen, Konflikte zu bewältigen.
  - Die musische und künstlerische Förderung der Kinder hat keinen eigenständigen Stellenwert. Fantasie und Kreativität der Kinder werden wenig angeregt. Die Lernmaterialien sind größtenteils stark vorstrukturiert und bieten keinen oder wenig Spielraum für alternative Lösungen.
  - Es wird kein besonderes Gewicht darauf gelegt, Kinder durch Märchen und Geschichten zum Nachdenken über soziale oder psychologische Zusammenhänge anzuregen. Es fehlt somit die geisteswissenschaftliche Komponente.

- Es wäre ein Missverständnis, zu glauben, die freie Wahl der Arbeit bedeute, dass Kinder sich nach Belieben mit den Materialien auseinandersetzen könnten. Es ist Aufgabe des Erziehers bzw. der Lehrkraft, darauf zu achten, dass nach und nach alle Lernbereiche vom Kind abgedeckt werden. Wenn diese Aufgabe aber nicht sorgfältig erfüllt wird, kann es passieren, dass das Kind bestimmte Kompetenzen nicht im erforderlichen Maße entwickelt, weil es dazu neigt, sich vorwiegend mit Aufgaben zu beschäftigen, die ihm liegen, und Aufgaben aus dem Weg zu gehen, die ihm schwerfallen.
- In vielen Montessori-Einrichtungen werden die berechtigten Kritikpunkte an der Montessoripädagogik aufgegriffen. Man hält nicht dogmatisch am ursprünglichen Konzept von Maria Montessori fest, sondern entwickelt es in der Praxis weiter und passt es damit an Erwartungen an, die heutzutage an qualifizierte Bildungskonzepte gerichtet werden.

6 Sprachentwicklung und Bedeutung des Spiels nach Schäfer

Gerd E. Schäfer

- * 1942
- Professor der Pädagogik der frühen Kindheit an der Universität Köln (im Ruhestand)
- Forschungsschwerpunkte: Frühpädagogik/frühkindliche Bildungsforschung

---

Bezüge zu anderen Abiturthemen
- Kognitive Entwicklung nach Piaget
- Sozialisation als Rollenlernen nach Mead (Bedeutung des Spiels)
- Montessoripädagogik
- Hurrelmanns Modell der produktiven Realitätsverarbeitung
- Bildungs- und Schultheorie: Reaktionen auf PISA (Bedeutung der Frühförderung)
- Symbolischer Interaktionismus nach Krappmann

Bildungskonzept

Unterstützung des Kindes in seiner Selbst-Bildung – Ablehnung von Frühförderkonzepten, die ausschließlich auf die Vermittlung bestimmter Kompetenzen abzielen.

Merkmale der frühkindlichen Bildung
- Frühkindliche Bildung ist im Wesentlichen **Selbstbildung** im Sinne von tätiger **Auseinandersetzung des Kindes mit seiner sozialen und dinglichen Umwelt**. Bildung kann man einem Kind nicht „eintrichtern". Kinder sind aktive, lernbegierige Wesen, die ihren Bildungsprozess individuell selbst vorantreiben, indem sie sich handelnd mit ihrer Umwelt auseinandersetzen. Sie erforschen ihre Umwelt auf kreative Weise, da der größte Teil der Erfahrungen für sie ganz neu ist.
- Bildung beruht auf **Beziehungen** des Kindes zu den Menschen und den Dingen seiner Umgebung. Beziehungen zu Menschen, Dingen oder Gedanken werden dann aufgebaut, wenn sie für das Kind sub-

jektiv wichtig sind. Bildung geschieht somit immer in einem **sozialen und kulturellen Kontext**.

- **Sinneseindrücke** sind sehr bedeutend für Bildung. Im frühen Kindesalter schaffen die Sinneseindrücke einen ersten Zugang zur Wirklichkeit. Das Kind ordnet diese Eindrücke selbsttätig. Die vielschichtigen sinnlichen Wahrnehmungen versucht das Kind zu strukturieren und zu einem stimmigen Gesamtbild zusammenzufügen. Schäfer benutzt hierfür den Begriff „**ästhetische Bildung**“, wobei er den Begriff wertfrei gebraucht, d. h. unabhängig davon, ob die Wahrnehmungen herkömmlichen Schönheitsvorstellungen entsprechen.
- Bildung basiert auf **Erfahrungen und Erlebnissen** des Kindes, die aus seiner Sicht relevant sind und die für das Kind einen Sinn ergeben, weil es diese einordnen kann.
- Um sich zu bilden, müssen Kinder die Bedeutungen bestimmter Ereignisse erfassen. Dabei spielen die mit den Ereignissen verbundenen **Emotionen** eine wichtige Rolle.
- Bildung erzeugt innere Bilder. Kinder verarbeiten ihre Eindrücke, Gefühle und Erlebnisse mithilfe von Fantasien und Geschichten und konstruieren für sie stimmige Weltbilder. Auf diesen Grundmustern bauen sie nach und nach abstraktere Denkmuster auf.
- Bildung ist **ganzheitlich** und lässt sich nicht auf die Entwicklung bestimmter sozialer, emotionaler, kognitiver und anderer Funktionen beschränken.
- Bildung sollte nicht bestimmte, gesellschaftlich als wichtig erachtete Kompetenzen vermitteln, sondern die individuellen Selbstbildungspotenziale von Kindern unterstützen.

Pädagogische Unterstützung der frühkindlichen Bildung

- Erwachsene müssen den eigenständigen Umgang von Kindern mit der Welt und die Individualität jedes Kindes respektieren.
- Sie sollten sich mit dem Kind auf „Augenhöhe“ verständigen, indem sie das Kind aufmerksam wahrnehmen und sich mit dem Kind über das Wahrgenommene austauschen. Dabei sollten sie das Kind als gleichwertiges Gegenüber anerkennen.

- Sie sollten die Umwelt des Kindes so gestalten, dass das Kind angeregt wird, sich selbsttätig damit auseinanderzusetzen. Kindern sollte die Möglichkeit gegeben werden, ihre eigenen Fragen zu stellen und darauf Antworten zu finden.
- Erwachsene sollten die Kinder mit neuen Herausforderungen konfrontieren, dabei aber die Würde des Kindes bewahren und es nicht zu etwas zwingen.

Das Spiel

Allgemeine Funktion des Spielens
Das Spielen ist evolutionär verankert. Es dient der Erkundung der Welt, dem Vertrautmachen mit sich selbst und seiner Umgebung. Es ermöglicht dem Kind, sich in Beziehung zu seiner Welt zu setzen und seine Erfahrungen zu verarbeiten. Das Spielen ist das wichtigste Lernfeld in der frühen Kindheit.

Einzelne Funktionen des Spielens
- Erholung, Freude, Spaß
- Gestaltung „freier" Zeit
- Informationsgewinn
- spielerischer Erwerb und Übung von Fähigkeiten und Fertigkeiten (motorische, kognitive, sprachliche, soziale, moralische, emotionale, kreative)
- Verarbeitung von Erlebnissen und Gefühlen
- Anregen und Ausleben von Fantasie

Intermediärer Bereich des Spiels
Das Spiel schafft einen Zwischenbereich
- zwischen äußerer und innerer Welt
- zwischen Realität und Fantasie
- zwischen Wirklichkeit und Wunsch
- zwischen Handeln und Denken

Das Spiel eröffnet Handlungsspielräume, die weiter sind als in der Realität. Kinder brauchen weite Spielräume, um sich entwickeln zu können. Regeln in Spielen sind nicht dazu da, damit Kinder Regeln lernen, sondern um einen Rahmen zu setzen, damit ein Spiel funktioniert und interessant ist.

Grammatik des Spiels: Was macht das Spiel zum „Spiel“?

- frei von äußeren Zwecken
- findet in einer ungezwungenen Atmosphäre statt
- bezieht Spannung und Motivation aus sich selbst heraus
- ist ein eigenständiger Verhaltensbereich mit eigenen Regeln und Gesetzen
- hat eine zeitliche Struktur: weist einen zeitlichen Anfang und ein zeitliches Ende auf

Entwicklung des Spielens bei Kindern

- Im Babyalter findet in der Interaktion zwischen Bezugspersonen und Kind ein Prozess des „Mitziehens“ statt.
- Babys imitieren das, was sie wahrnehmen.
- Kleinkinder sind in der Lage, das Wahrgenommene mit zeitlicher Verzögerung zu imitieren.
- In „Als-ob-Spielen“ können Kinder bestimmte Situationen simulieren und mit Erfahrungen experimentieren.

Beitrag des Spiels zur Bildung des Kindes

- Es beruht auf Freiwilligkeit und Eigentätigkeit des Kindes.
- Spiel ist für die Kinder mit Sinn verbunden.
- Es fördert nicht nur den Erwerb einzelner Kompetenzen, sondern ermöglicht komplexe Erfahrungen.
- Spielen ermöglicht dem Kind, sich ausprobierend und schöpferisch mit seiner Umwelt auseinanderzusetzen und seine Entwicklung darüber voranzutreiben; insofern ist Spielen die „Arbeit des Kindes“.
- Es ermöglicht Interaktionen zwischen Gleichaltrigen und mit Erwachsenen. Verschiedene Wahrnehmungs- und Handlungsmuster werden sichtbar und die am Spiel Beteiligten müssen sich miteinander verständigen.

Pädagogische Unterstützung des kindlichen Spiels

- Bereitstellung geeigneter Spielräume (im Sinne einer für Kinder „vorbereiteten Umgebung“)
- Gelegenheiten, Anregungen, Herausforderungen für spielerisches Tun bieten
- Bereitstellung eines zeitlichen Rahmens, in dem Kinder entsprechend ihrem individuellen Rhythmus spielen können

Sprachentwicklung

Charakteristische Merkmale der Sprachentwicklung

- basiert auf Erfahrungen: Sprachverständnis und Sprechen entwickeln sich in einem Handlungszusammenhang, durch Ereignisse, die einen Alltagsbezug haben und in einem Sinnzusammenhang stehen.
- eingebettet in soziale und soziokulturelle Zusammenhänge

Funktionen der Sprache

- narrative Funktion (Erzählen, Mitteilen)
- theoretische Funktion ab dem 3. Lebensjahr: Warum-Fragen. Die Sprache ermöglicht es dem Kind, sich über den eigenen Erfahrungshorizont hinaus Wissen anzueignen. Der Erwerb der Sprache ist wichtig für die Entwicklung des symbolischen Denkens.
- Beziehungsfunktion – in Kontakt mit anderen Menschen treten
- Sozialisationsfunktion – vertraut werden mit gesellschaftlichen Normen und Werten

Sprachentwicklung in der frühen Kindheit

Der Spracherwerb beginnt lange bevor das Kind das erste Wort spricht. Um sprechen zu lernen, müssen Kinder die Laute ihrer Umgebung wahrnehmen und erkennen. Kleine Babys können alle möglichen Laute verschiedener Sprachen unterscheiden. Im Alter von acht bis zwölf Monaten stellen sie sich allmählich auf die Laute ihrer Muttersprache ein, und im Alter von ein- bis eineinhalb Jahren geben sie nur noch die Laute von sich, die für ihr Sprachumfeld typisch sind. Die universale Phase der Sprachproduktion geht damit zu Ende.

Förderung der Sprachentwicklung

- Sprachförderung geschieht **nicht durch gesonderte Programme**, sondern in der alltäglichen Kommunikation mit Kindern.
- Erwachsene müssen es Kindern ermöglichen, über ihre Erlebnisse und Erfahrungen, Gefühle und Empfindungen zu sprechen. Dazu ist es notwendig, dass Kinder Erfahrungen machen, die bedeutsame Sprechanlässe liefern, und dass Erwachsene den Kindern Wörter und Sätze anbieten, damit diese sich sprachlich ausdrücken können.
- Erwachsene sollen in Handlungskontexten mit Kindern sprechen und das kindliche Handeln sprachlich begleiten.

7 Hurrelmanns Modell der produktiven Realitätsverarbeitung

Klaus Hurrelmann

- * 1944
- deutscher Soziologe und Pädagoge, bekannt geworden durch zahlreiche Veröffentlichungen zur Sozialisationsforschung
- 1979–2009 Professor an der Universität Bielefeld mit den Schwerpunkten Sozialisations-, Bildungs- und Gesundheitsforschung
- seit 2009 Professor für Gesundheits- und Bildungspolitik an der Hertie School of Governance in Berlin

Bezüge zu anderen Abiturthemen

- Eriksons psychosozialer Erklärungsansatz (Identitätsentwicklung im Jugendalter)
- Sozialisation als Rollenlernen nach Mead
- Erklärungsansätze für Gewalt und Möglichkeiten der Prävention
- Förderung von Entwicklungsprozessen aus systemischer Sicht: Stierlin
- Erziehung im Nationalsozialismus
- Bildungs- und Schultheorie: Reaktionen auf PISA
- Symbolischer Interaktionismus nach Krappmann

Theoretische Grundlagen

Hurrelmanns Ausführungen zum Jugendalter fassen wesentliche Ergebnisse der sozialisationstheoretischen Jugendforschung zusammen. Sie beruhen auf einem Sozialisationskonzept, das er „Modell der produktiven Realitätsverarbeitung“ nennt. Dieses Konzept verschränkt den gesellschaftlichen Aspekt des Sozialisationsprozesses mit dem Aspekt der Persönlichkeitsentwicklung des Individuums, indem Elemente aus soziologischen und psychologischen Theorien zur Erläuterung des Sozialisationsprozesses herangezogen werden. Hurrelmann entwickelt somit einen **metatheoretischen Ansatz**. Er erklärt auf der Grundlage seines Sozialisationsmodells wesentliche Aspekte des Jugendalters und fasst diese in „Zehn Maximen zum Jugendalter“ zusammen.

Kerngedanken der „Zehn Maximen zum Jugendalter“

- Sozialisation wird als **Prozess der produktiven Realitätsverarbeitung** der inneren und äußeren Realität gesehen. Erstere bezieht sich auf körperliche und psychische Grundstrukturen, Letztere auf soziale und physische Umweltbedingungen. Diese Verarbeitung geschieht auf der Basis der jeweils vorhandenen personalen und sozialen Ressourcen. Der Begriff „**produktiv**“ ist ein neutraler und **kein wertender Begriff**. Damit soll ausgedrückt werden, dass jeder Mensch seine Sozialisationserfahrungen individuell verarbeitet, indem er sich handelnd mit seiner Umwelt auseinandersetzt.
- Das Jugendalter ist eine **eigenständige Lebensphase**, die sich über einen Zeitraum von zehn bis fünfzehn Jahre erstrecken kann. Sie ist für den Lebensweg von großer Bedeutung, weil sich in ihr Muster herausbilden, die im späteren Leben oft beibehalten werden.
- Das Jugendalter ist eine **Umbruchzeit** mit einerseits einem hohen Stimulierungs-, andererseits aber auch einem hohen Belastungspotenzial. Es bietet große Spielräume für eine kreative, eigenwillige Lebensführung. Jugendliche sind **schöpferische Konstrukteure** ihrer Persönlichkeit.
- Jugendliche müssen **vier Entwicklungsaufgaben** bewältigen, um als Erwachsene zentrale gesellschaftliche Rollen ausfüllen zu können:
  - **Qualifizieren:** schulische und berufsvorbereitende Bildung, um die Rolle des Berufstätigen erfüllen zu können
  - **Binden:** Entwicklung einer partnerschaftlichen Bindung, um später die Familienrolle übernehmen zu können
  - **Konsumieren:** Fähigkeit zum kompetenten Umgang mit den Waren-, Freizeit- und Medienangeboten, um der Konsumentenrolle entsprechen zu können
  - **Partizipieren:** Entwicklung eines tragfähigen Werte- und Normensystems, um die politische Bürgerrolle ausfüllen zu können

- Bei Jugendlichen, die nur über unzureichende personale und soziale Ressourcen zur Bewältigung der Entwicklungsaufgaben verfügen, besteht die Gefahr, dass sie keine konstruktiven Wege zur Bewältigung von Problemen einschlagen. Hurrelmann unterscheidet **drei Formen ungeeigneter Problemverarbeitung**, die sich in sozialen und gesundheitlichen Entwicklungsstörungen niederschlagen können:
  - externalisierend (sozial auffälliges Verhalten wie z. B. gewalttätiges Verhalten)
  - internalisierend (z. B. Depressionen)
  - evadierend (z. B. Suchtverhalten und Essstörungen)
- Die zentrale Aufgabe des Jugendalters ist die **Identitätsentwicklung**. Auf der Basis der bisherigen Erfahrungen bauen Jugendliche ein in sich stimmiges **Selbstkonzept** auf. Jugendliche stehen vor der Aufgabe, sich einerseits gesellschaftlich integrieren und gleichzeitig ihre eigene Individualität entwickeln zu müssen. **Ich-Identität** entsteht somit aus dem **Austarieren von Integration und Individuation**. Dies ist ein spannungsreicher Prozess. Eine gelingende Identitätsentwicklung liegt dann vor, wenn Jugendliche die Entwicklungsaufgaben des Jugendalters angemessen bewältigen. Grundlage hierfür ist ein **positives Selbstkonzept**, welches dem Jugendlichen das Selbstvertrauen gibt, diese Aufgaben meistern zu können.
- Die Persönlichkeitsentwicklung und damit auch die geschlechtsspezifische Entwicklung vollziehen sich in einem **Wechselspiel von Anlagen und Umwelt**. Die Umweltfaktoren spielen dabei eine wichtige Rolle.
  - In den vergangenen Jahrzehnten haben die **Mädchen die Jungen** bei den Bildungsabschlüssen **überflügelt**. Hurrelmann führt das auf ein verändertes Rollenverständnis von Frauen zurück. Viele Männer seien hingegen noch einem eher klassischen männlichen Rollenverständnis verhaftet. Mädchen zeigen laut Hurrelmann häufig auch in anderen Bereichen, wie z. B. in der Freizeit, in stärkerem Maße sozial erwünschte Verhaltensweisen als die Jungen.

  - Die **ethnisch-kulturelle Zugehörigkeit** sowie die **soziale Schicht** und das **soziale Milieu**, aus dem Jugendliche stammen, nehmen Einfluss auf die Sozialisation und führen zu **unterschiedlichen Bildungschancen:** Jugendliche aus Elternhäusern mit niedrigem sozio-ökonomischen Status – darunter auch viele Jugendliche mit Migrationshintergrund – erwerben geringere Bildungsqualifikationen und haben schlechtere Berufsaussichten als Kinder aus Familien mit gehobenem sozio-ökonomischen Status. Die Chancen von Jugendlichen zur ökonomischen und sozialen Teilhabe sind somit ungleich verteilt. Diese **soziale Ungleichheit** führt zu einer **Spaltung jugendlicher Lebenswelten**.
- Jugendliche benötigen für die Bewältigung ihrer Entwicklungsaufgaben nicht nur **personale Ressourcen** in Form individueller Handlungs- und Kommunikationskompetenzen, sondern auch **soziale Ressourcen**. Diese werden durch die **Sozialisationsinstanzen** vermittelt. Dazu zählen neben der Herkunftsfamilie, Bildungseinrichtungen und den Gleichaltrigen auch die Medien als „heimliche Erzieher". Günstig ist es, wenn keine gravierenden Spannungen zwischen den unterschiedlichen Bezugsgruppen (Elternhaus, Schule, Freundeskreis) von Jugendlichen bestehen, und die Impulse der verschiedenen Akteure sich ergänzen und gegenseitig anregen.
  - Es ist wichtig, dass Erwachsene die Fähigkeit des Jugendlichen zur Selbstständigkeit und zum Selbstmanagement unterstützen und verschiedene Lösungswege akzeptieren.
  - Erziehung sollte Freiräume bieten und Spielräume ermöglichen, gleichzeitig aber auch Regeln setzen und klare Strukturen aufweisen. Regeln müssen flexibel gehandhabt werden, aber auch „Mindeststandards" enthalten.

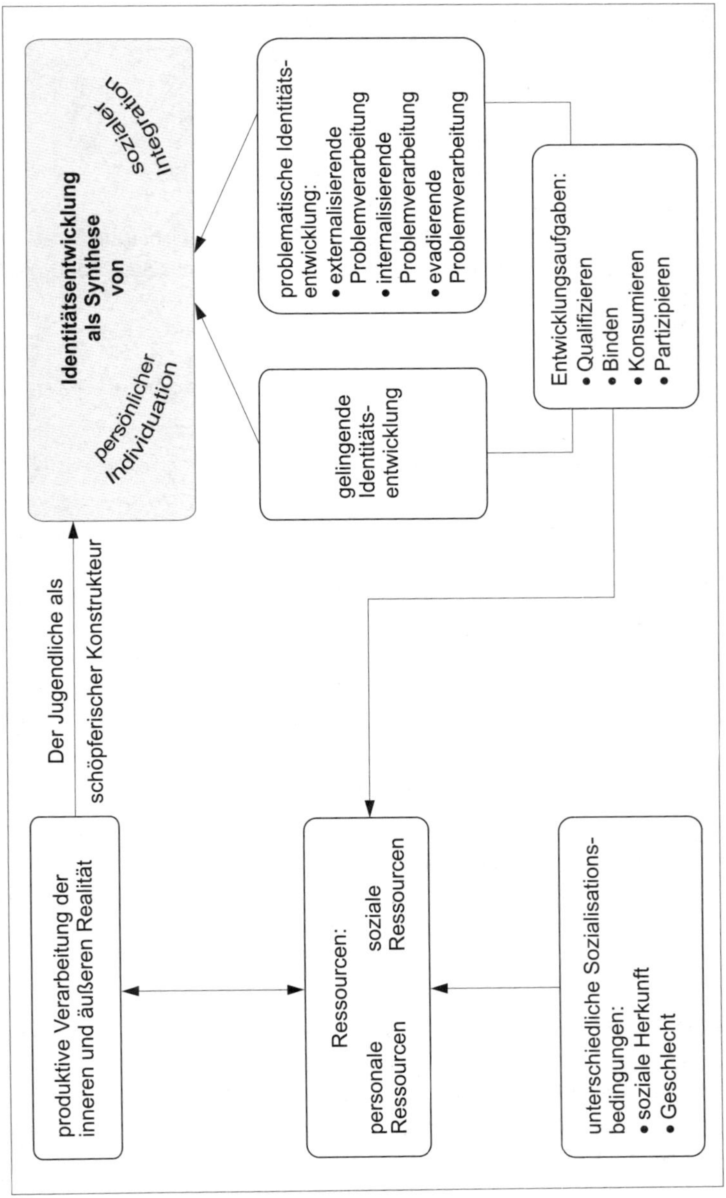
Identitätsentwicklung als Synthese von
persönlicher Individuation
sozialer Integration
problematische Identitätsentwicklung:
• externalisierende Problemverarbeitung
• internalisierende Problemverarbeitung
• evadierende Problemverarbeitung
gelingende Identitätsentwicklung
Entwicklungsaufgaben:
• Qualifizieren
• Binden
• Konsumieren
• Partizipieren
Der Jugendliche als schöpferischer Konstrukteur
produktive Verarbeitung der inneren und äußeren Realität
Ressourcen:
personale Ressourcen
soziale Ressourcen
unterschiedliche Sozialisationsbedingungen:
• soziale Herkunft
• Geschlecht

8 Erklärungsansätze für Gewalt und Möglichkeiten der Prävention

Bezüge zu anderen Abiturthemen

- Freuds psychosexueller Erklärungsansatz
- Eriksons psychosozialer Erklärungsansatz
- Hurrelmanns Modell der produktiven Realitätsverarbeitung
- Förderung von Entwicklungsprozessen aus systemischer Sicht: Stierlin
- Moralentwicklung nach Kohlberg
- Bildungs- und Schultheorie: Reaktionen auf PISA

8.1 Allgemeine Vorbemerkungen

- Oft werden die Begriffe Aggression und Gewalt synonym verwendet, doch sie haben nicht dieselbe Bedeutung. **Aggression** (lateinisch aggredi: herangehen, angreifen) ist eine innere Kraft, die zum Handeln drängt. Aggressive Impulse können sehr unterschiedlich verarbeitet werden. Sie können **unterdrückt**, in **konstruktive** Energie – z. B. im Sport – umgewandelt oder in **destruktiver** Weise ausagiert werden, sei es psychisch, z. B. in Form von Cybermobbing, oder physisch in Form von körperlicher Gewalt. **Gewalt** ist somit eine **destruktive Umsetzung von Aggressionen**.
- Aggressive Impulse gehören zur **natürlichen, da überlebensnotwendigen Grundausstattung** des Menschen, und unter bestimmten Umständen lassen sich Aggressionen und gewalttätiges Verhalten sehr schnell aktivieren. Auf aggressiven Impulsen beruhendes gewalttätiges Handeln ist an körperliche Reaktionen gekoppelt, die sich bis in **rauschhafte Zustände** steigern können.
- Das Auftreten von Aggressionen und Gewalt sowie der Umgang damit hängen in menschlichen Gesellschaften eng mit **sozialen und kulturellen Faktoren** zusammen. Die Begrenzung von Gewalt durch juristische Normen und soziale Werte stellt eine Kulturleistung dar, die stets gefährdet ist.

Zur **Erklärung der Entstehung von Gewalt** gibt es verschiedene Ansätze, die in den folgenden Teilkapiteln erläutert werden.

8.2 Lerntheoretische Erklärungsansätze

Lerntheoretische Erklärungsansätze erläutern, durch welche Mechanismen Gewalt erlernt wird.

Operantes Konditionieren („Lernen am Effekt")

- Das operante Konditionieren erklärt, wie bereits gezeigtes gewalttätiges Verhalten verstärkt wird.
- Wenn nach einem bestimmten Verhalten eine **Konsequenz** erfolgt, die dazu führt, dass dieses **Verhalten häufiger gezeigt** wird, spricht man nach Skinner von einer operanten Konditionierung. Es handelt sich dann bei der entsprechenden Konsequenz um einen **positiven Verstärker** und bei dem Lernvorgang um eine positive Verstärkung.
- Ob das gelernte Verhalten als positiv zu bewerten ist, spielt dabei keine Rolle. So kann – in den meisten Fällen wohl ungewollt – **gewalttätiges Verhalten positiv verstärkt** werden. Dies geschieht, wenn eine Person, die sich gewalttätig verhält, mit ihrem Verhalten das erreicht, was sie bezweckt. Sie wird damit zum „Gewinner" und erfährt, dass sie Macht über andere Menschen ausüben kann. Das gewalttätige Verhalten wird in entsprechenden Situationen daher häufiger auftreten, sofern nicht Hemmungen in Form von Schuldgefühlen vorhanden sind. Wenn beispielsweise ein Kind im Sandkasten mit seiner Schaufel andere Kinder schlägt, weil es ein bestimmtes Förmchen haben will, und sich mit diesem Verhalten durchsetzt, wird es von nun an öfter versuchen, andere Kinder mit aggressivem Verhalten einzuschüchtern.
- Für manche Jugendlichen, insbesondere junge Männer, ist Gewalt attraktiv, weil sie es ihnen ermöglicht, Ohnmachtsgefühle zu kompensieren, Selbstwirksamkeit zu erfahren und die Kraft ihres Körpers zu spüren. In manchen sozialen Milieus erhalten junge Männer **Anerkennung** für die Demonstration von Stärke. All dies wirkt als

positiver Verstärker und erhöht die Wahrscheinlichkeit für gewalttätiges Verhalten bei den betreffenden Jugendlichen.

Pädagogische Handlungsmöglichkeiten

- Gewalttätiges Verhalten muss unterbunden bzw. geächtet werden, weil es andernfalls automatisch positiv verstärkt wird, wenn sich jemand durch Anwendung von Gewalt durchsetzt. Erwachsene müssen Kindern und Jugendlichen also klarmachen, dass Gewalt kein geeignetes Mittel zur Austragung von Konflikten ist und dass sie gewalttätiges Verhalten nicht tolerieren und ggfs. sanktionieren. Sie müssen beim Kind **Hemmungen** gegenüber Gewalt aufbauen und an seiner **Gewissensbildung** arbeiten. Dies bedeutet jedoch nicht, dass sie bei jedem etwas rauer ausgetragenen Konflikt und bei jeder Rauferei von Kindern intervenieren sollten, denn Kinder müssen auch lernen, ihre Konflikte selbst zu lösen.
- Ein konstruktiver Umgang mit aggressiven Impulsen muss gelernt werden. Das Ausleben von Aggressionen kann als körperlich spannungsmildernd und insofern als angenehm empfunden werden. Da es aber in der Interaktion mit anderen Menschen zu Problemen führt, müssen Möglichkeiten gefunden werden, Aggressionen auf sozial unschädliche Weise abzubauen. Dabei können z. B. sportliche Aktivitäten eine Hilfe sein.
- Aggressionen sind häufig eine Folge von Frustrationen. Eine **frustrationsarme Umgebung** ist für Kinder hilfreich. Im Übrigen ist die Fähigkeit von Kindern, mit Frustrationen umzugehen, altersabhängig. Eltern sollten bei ihrer Erziehung darauf achten, dass ihre Kinder – ihrem jeweiligen Alter entsprechend – Geduld und Bedürfnisaufschub lernen, damit sie allmählich dazu befähigt werden, ihre **Impulse zu kontrollieren** und eine **Frustrationstoleranz** zu entwickeln. Dies gelingt Kindern, deren **Selbstwirksamkeit** gestärkt wird, besser als Kindern, die in ihrer Selbstentfaltung ständig eingeschränkt werden. Wichtig für einen konstruktiven Umgang mit Frustrationen ist auch der Erwerb von **Empathie**.
- Ein erfolgreiches **Gewaltpräventionsprogramm** für Kinder ist das Programm „Faustlos – Kinder lernen Einfühlung", das in Kindergärten und Grundschulen eingesetzt wird. Es richtet sich an alle

Kinder einer Gruppe und nicht nur an besondere „Problemkinder". Die Kinder lernen mit diesem Programm, die emotionalen Signale anderer Kinder richtig zu deuten und mit Konflikten angemessen umzugehen. **Alle Kinder profitieren** von diesem Programm, insbesondere aber die sozial auffälligen Kinder. Im Allgemeinen verhalten sich nach Beendigung des Programms die Mädchen mutiger, und die Jungen zeigen weniger aggressives Verhalten.

- Ein bekanntes **Programm zur Behandlung jugendlicher Straftäter** ist das **Antiaggressivitätstraining**. Bei der Methode des „**heißen Stuhls**" werden die Jugendlichen massiv mit ihrem Fehlverhalten konfrontiert. Sie haben in dieser Situation weder die Möglichkeit, den Vorhaltungen der anderen Teilnehmer zu entfliehen, noch dürfen sie sich handgreiflich dagegen wehren. Der emotionale Abwehrpanzer gegen unliebsame Einsichten wird so durchlöchert und gleichzeitig die gewohnte Reiz-Reaktions-Kette in ihrem Verhalten durchbrochen. Mithilfe von Rollenspielen lernen die Teilnehmer, wie sie in Zukunft ohne Anwendung von Gewalt auf eine konflikthafte Situation reagieren können.

Lernen am Modell

- Das **Modelllernen** erklärt, wie durch Beobachtung und Nachahmung neue gewalttätige Verhaltensweisen gelernt werden.
- Durch die **Beobachtung von Modellen** werden neue **Verhaltensweisen erlernt**. Die entsprechenden Handlungsmuster werden im Gedächtnis gespeichert und in bestimmten Situationen abgerufen und ausgeführt. Man muss also zwischen der **Aneignung** und der **Ausführung** der durch Modelllernen erworbenen Handlungsmuster **unterscheiden**. Ob Verhaltensmuster tatsächlich nachgeahmt werden, hängt von verschiedenen Faktoren ab:
  - Persönlichkeit des Beobachters
  - Persönlichkeitsmerkmale des Modells
  - Art der Beziehung zwischen Beobachter und Modell
  - Soziale Beziehungen und familiäre Situation des Beobachters
  - Konsequenzen aggressiven Verhaltens für das Modell und den Beobachter

  - Soziale Bedingungen in Form von Normen und Werten der wesentlichen Bezugsgruppen
  - Kontrollmechanismen wie Hemmungen oder die Reflexion von Verhaltenskonsequenzen

- Für Kinder sind die **nahen Bezugspersonen**, in der Regel die Eltern, die **wichtigsten Modelle** für den Erwerb von Verhaltensweisen. Beim Erlernen des Umgangs mit Aggressionen und Gewalt spielen diese deshalb eine zentrale Rolle. **Aggressive Eltern**, die sich in ihrer Partnerschaft und/oder gegenüber ihren Kindern aggressiv verhalten und Gewalt ausüben, sind ein bedeutsamer **Risikofaktor** für die Entwicklung von Gewalt im Kindes- und Jugendalter. Umgekehrt ist ein **intaktes Elternhaus** mit vertrauensvollen Beziehungen ein wichtiger **Schutzfaktor** für Kinder und Jugendliche.
- Mit zunehmendem Alter gewinnen für die Kinder auch andere **Modelle** an Bedeutung, wie z. B. **Freundinnen und Freunde**. Modelle müssen nicht notwendigerweise real, sondern können auch virtueller Art sein. Die **Medien** bieten heutzutage ein großes Spektrum von Modellen, an deren Verhalten sich Kinder und Jugendliche orientieren.
- Eine strittige Frage ist, welche Rolle **Gewalt in Medien**, insbesondere in Form von Computerspielen, bei der Entstehung und Verbreitung von Gewalt bei Kindern und Jugendlichen spielt. Vor allem dann, wenn spektakuläre Gewalttaten von Jugendlichen die Öffentlichkeit erschüttern, bietet diese Frage immer wieder Stoff für hitzige Diskussionen. Eine einfache Antwort auf diese Frage gibt es nicht, denn es hängt von verschiedenen Faktoren ab, wie mediale Gewalt auf Jugendliche wirkt.
- Grundsätzlich lässt sich festhalten, dass die meisten Jugendlichen nicht gefährdet sind, aggressive Modelle aus den Medien nachzuahmen. Bei bestimmten **Problemgruppen von Jugendlichen** – zumeist Jugendliche, die aus einem schwierigen Elternhaus stammen und Probleme bei der Schulleistung und im sozialen Bereich haben – führen derartige Medieninhalte aber teilweise zur Verstärkung der Aggressivität und erhöhen damit die Wahrscheinlichkeit gewalttätigen Verhaltens.

- Der häufige Konsum von Medien, die Gewalt zeigen, ist außerdem problematisch, als er zu einer Gewöhnung an Gewaltszenen führen und das moralische Koordinatensystem unmerklich verschieben kann. Dies gilt auch für Jugendliche, die nicht zu einer Risikogruppe zählen.

Pädagogische Handlungsmöglichkeiten

- Da Eltern die wichtigsten Vorbilder für ihre Kinder sind, müssen sie sich ihrer Verantwortung bewusst sein und überprüfen, wie sie sich selbst bei Konflikten verhalten. In Abwandlung eines bekannten Spruchs lautet daher die Maxime: „Was du nicht willst, das man dir tu', das füg auch deinem Kind nicht zu." Trotz guter Vorsätze gelingt es aber manchen Eltern nicht, bei heftigen Konflikten die Kontrolle zu behalten und ruhig zu bleiben. Insbesondere für solche Eltern sind **Trainingsprogramme** wertvoll, mit deren Hilfe sie einen **konstruktiven Umgang mit Problemverhalten** ihrer Kinder erlernen können. Ein bekanntes Programm dieser Art heißt **Triple P** (Positive Parenting Program). Die Eltern lernen mit diesem Programm, das Verhalten ihrer Kinder zunächst ohne Bewertung zu beobachten, angemessen auf problematische Verhaltensweisen ihrer Kinder zu reagieren und ihr Kind für erwünschtes Verhalten angemessen zu loben.
- In der heutigen Zeit ist es auch eine wichtige pädagogische Aufgabe der Eltern, ein wachsames Auge auf den **Medienkonsum** ihrer Kinder zu haben. Spätestens dann, wenn die Kinder das Jugendalter erreicht haben, überfordert diese Aufgabe aber viele Eltern. Dennoch sollten Eltern sich im Rahmen ihrer Möglichkeiten für die Filme und Computerspiele, die ihr Sohn oder ihre Tochter konsumiert, interessieren und nach Möglichkeit mit ihm bzw. ihr darüber ins Gespräch kommen.

Kognitives Lernen

- Das **kognitive Lernen** erklärt den Beitrag, den **Denkstrukturen** am Auftreten von Aggressionen und Gewalt haben.
- Die **Weltsicht** von Menschen ist ein Faktor, der ihre Einstellungen, Überzeugungen und ihre Interpretation von Ereignissen beeinflusst.

Die daraus entstehenden **Denkmuster** wirken wiederum auf die Gefühle und das Verhalten von Menschen.

- Menschen, die unter **schwierigen Lebensbedingungen aufgewachsen** sind, neigen dazu, überall Böses zu wittern, und entwickeln häufig eine **feindselige Einstellung** gegenüber ihrer Umwelt. Sie interpretieren Verhaltensweisen anderer Menschen schnell als gegen sich gerichtet und reagieren dementsprechend gereizt und aggressiv. Hinzu kommt häufig ein eingeschränktes Repertoire an Konfliktlösungsmechanismen. Ein harmloser Blick eines Passanten, erwidert mit einem bösen „Was guckst du?", kann dann unter Jugendlichen leicht in einer Schlägerei ausarten.
- **Ideologien**, die Hass gegenüber bestimmten Menschengruppen schüren, aktivieren das **Aggressionspotenzial** ihrer Anhänger und erhöhen deren Bereitschaft zu gewalttätigem Verhalten. Dabei spielen Begriffe, die den ideologischen Gegner abwerten und die eigene Bezugsgruppe aufwerten, eine bedeutsame Rolle. Neben anderen Beispielen könnte man hierbei junge Neonazis und gewaltbereite jugendliche Islamisten nennen.

Pädagogische Handlungsmöglichkeiten

Es ist schwierig, eine ideologisch gefärbte Weltsicht von Menschen zu erschüttern. Dementsprechend schwer ist es z. B. auch, Jugendliche dazu zu bewegen, von neonationalsozialistischem oder islamistischem Gedankengut abzulassen. Aber es ist kein hoffnungsloses Unterfangen, wie der Verein „Violence Prevention Network" zeigt, der laut Studien gute Erfolge bei jugendlichen Straftätern erzielen soll. Der Geschäftsführer des Vereins geht zusammen mit Kollegen, die unterschiedliche religiöse Überzeugungen haben, in Gefängnisse und spricht dort muslimische Strafinsassen an, die ein extremistisches politisches Weltbild aufweisen oder gefährdet sind, ein solches zu entwickeln. Sie führen kontroverse Diskussionen, in denen demonstriert wird, dass man ganz unterschiedliche Sichtweisen haben und sich trotzdem gut verstehen kann. Mit dieser Methode versuchen die Mitarbeiter des Projekts, das Schwarz-Weiß-Denken der Teilnehmer zu erschüttern und sie für andere Sichtweisen zu öffnen.

8.3 Psychoanalytischer Erklärungsansatz nach Rauchfleisch

Udo Rauchfleisch

- * 1942
- promovierter und habilitierter Psychologe
- arbeitete von 1970 bis 1999 als klinischer Psychologe an der Universitätspoliklinik von Basel, im Anschluss daran als Psychotherapeut in einer Praxis

Kerngedanken

- Psychoanalytische Erklärungsansätze leiten gewalttätiges Verhalten aus der **frühkindlichen Beziehungsgeschichte** und der Entwicklung der **ICH-Struktur** von Menschen ab. Nach Freuds Instanzenmodell ist bei gewalttätigen Menschen das Über-ICH nicht adäquat ausgebildet, und das ICH funktioniert nicht angemessen, weil eine ICH-Schwäche besteht.
- Aggressive, gewalttätige Menschen weisen komplizierte **Persönlichkeitsstörungen** auf, die auf Traumatisierungen in der frühen Kindheit zurückgehen. Gewalt ist eine **Kompensation von Selbstunsicherheit**.
- Ursachen von **frühkindlichen Traumatisierungen:**
  - soziale Instabilität der Familie: Spannungen in der Familie, gravierende ökonomische Probleme
  - vielfältige Beziehungsabbrüche, die als existenzbedrohlich erlebt wurden
- Die frühkindlichen Traumatisierungen führen bei den Betroffenen zu tief greifenden **Ängsten** und **Abwehrmaßnahmen** gegen diese Ängste. Daraus resultieren **Persönlichkeitsstörungen**, die sich folgendermaßen zeigen:
  - ein aggressiv besetztes Selbstbild und aggressiv besetzte Bilder von anderen Menschen; in alle Beziehungen mischt sich eine starke **aggressive Komponente**

  - Störungen der **ICH-Struktur** → Fehler bei der Realitätsprüfung; Einsatz von Abwehrmechanismen wie Verleugnung, Spaltung und Projektion
  - Störungen der **Gewissensinstanz**: Über-ICH ist zwar vorhanden, aber es ist kein kritisches, selbst-reflexives Gewissen; es weist „sadistische Kerne“ auf, die aus den frühkindlichen traumatischen Beziehungserfahrungen stammen; eine Einfühlung in die Leiden der Opfer findet nicht statt.
  - **narzisstische Persönlichkeitsstörungen:** Menschen mit dieser Störung benutzen Partner zur Aufwertung der eigenen Person oder manipulieren andere Menschen, um sich mächtig zu fühlen. Sie sind schnell gekränkt und haben eine geringe Frustrationstoleranz → u. a. Ausweichen vor belastenden Situationen.

- Die Persönlichkeitsstörungen und die damit verbundenen mangelnden sozialen Kompetenzen führen zu **sozialen Beeinträchtigungen**, wie z. B.
  - gestörte und instabile soziale Beziehungen
  - Probleme bei der Schul- und Berufsausbildung
  - Verschuldung
  - Arbeits- und Wohnprobleme
  - Partnerkonflikte

- Rauchfleisch begründet die Entstehung von Gewalt psychoanalytisch, d. h. aus der **Persönlichkeitsentwicklung in der frühen Kindheit** heraus. Er weist aber auch darauf hin, dass die **Gewissensbildung** ein **lebenslanger Entwicklungsprozess** ist und die gesellschaftlichen Normen und Werte im Allgemeinen sowie im Besonderen die politischen, weltanschaulichen und religiösen Haltungen und Werte der Bezugsgruppen, in denen Menschen sich bewegen, dazu beitragen, ob Menschen gewalttätig handeln.

- Im therapeutischen Umgang mit gewalttätigen Menschen bemüht sich Rauchfleisch, nicht nur die psychischen Probleme seiner Patienten zu behandeln, sondern sie auch beim Lösen ihrer sozialen Schwierigkeiten zu unterstützen.

Pädagogische Handlungsmöglichkeiten

- Aus psychoanalytischer Sichtweise besteht die beste Gewaltprävention in **gelungenen Eltern-Kind-Beziehungen**, die es einem Kind ermöglichen, sich psychisch gesund zu entwickeln, ICH-Stärke aufzubauen und im Laufe der Jahre ein selbst-reflexives Gewissen auszubilden.
- Leider gibt es Familien, in denen die Gefahr groß ist, dass das Kind traumatische Erfahrungen macht, die seiner Entwicklung schaden und das Risiko erhöhen, dass es im Jugend- oder Erwachsenenalter den Lebensanforderungen nicht gewachsen ist und Konflikte auf unproduktive Weise zu lösen versucht. Für solche Familien gibt es z. B. das **Frühinterventionsprogramm STEEP** (Steps Toward Effective and Enjoyable Parenting). Dabei werden junge „**Hochrisiko-Mütter**“ betreut – Mütter unter 26 Jahren, die aus bildungsfernen und armen, oftmals zerrütteten Familienverhältnissen stammen, in denen viele von ihnen mit Gewalt und Drogen in Kontakt gekommen sind. Von STEEP ausgebildete Beraterinnen begleiten diese Mütter von der Geburt des Kindes bis zum Ende des zweiten Lebensjahres, besprechen mit ihnen anhand von Videoaufzeichnungen ihr Verhalten bei alltäglichen Situationen, wie beim Spielen oder Füttern, und stehen ihnen bei Krisen zur Seite. Ziel des Programms ist der **Aufbau einer positiven und sicheren Mutter-Kind-Beziehung** sowie die **Sensibilisierung der Mütter** für die Bedürfnisse ihres Kindes. Studien in den USA haben nachgewiesen, dass STEEP Erfolge erzielt. Sicherlich wäre es wünschenswert, wenn dieses oder ähnliche Programme flächendeckend angeboten würden. Dies dürfte jedoch schwierig werden, da sie kosten- und personalintensiv sind. Zudem erreicht man damit oft ausgerechnet diejenigen Mütter nicht, welche die Hilfe eigentlich am nötigsten hätten. Wie eine Studie von Prof. Lösel gezeigt hat, lehnten solche Mütter häufig die Aufnahme ins Projekt ab oder beendeten ihre Teilnahme frühzeitig, weil sie meinten, alleine zurechtkommen zu können.

8.4 Sozialpsychologischer Desintegrationsansatz nach Heitmeyer

Wilhelm Heitmeyer

- * 1945
- Professor für Erziehungswissenschaft an der Universität Bielefeld mit dem Schwerpunkt Sozialisation, spezialisiert auf Forschungen zu Gewalt, Rechtsextremismus und Fremdenfeindlichkeit
- 1996–2013 Direktor des Instituts für interdisziplinäre Konflikt- und Gewaltforschung (IKG) an der Universität Bielefeld; seit 2013 Senior Research Professor am IKG

Kerngedanken

- Sozialpsychologische Erklärungsansätze beleuchten die gesellschaftlichen und sozialen Faktoren, die zur Entstehung von Jugendgewalt beitragen.
- Die für moderne Industriegesellschaften typischen **Pluralisierungs- und Individualisierungsprozesse** sind ambivalent, denn sie bieten den Menschen einerseits eine Zunahme an Optionen und **Entscheidungsfreiheiten**, stellen sie andererseits aber auch vor vielfältige **Entscheidungszwänge**. Individualisierungsprozesse sind mit **Gefährdungen und Risiken** verbunden, denn sie erhöhen die Notwendigkeit, immer komplexere Lebensaufgaben zu bewältigen, während sich gleichzeitig der Rückhalt verringert, den Menschen durch stabile Vergemeinschaftungsformen wie Familie, Nachbarschaft, Kirchengemeinde, Vereine etc. haben.
- Individualisierungsprozesse enthalten **Desintegrationspotenziale**, da sie mit einer Schwächung tradierter sozialer Beziehungen und einer Abnahme allgemeingültiger Normen und Werte einhergehen. Überlagert und verstärkt werden diese Prozesse durch eine zunehmende ökonomische und soziale Ungleichheit, die mit Marginalisierung und Ausgrenzung verbunden ist.

Desintegrationspotenziale gibt es auf verschiedenen Ebenen:

- **Sozialstruktur/soziale Ungleichheit:** Ausschluss von Menschen von der ökonomischen, sozialen, kulturellen und politischen Teilhabe, insbesondere durch
  - Armut, Arbeitslosigkeit
  - fehlende oder geringe Bildungsabschlüsse
  - Ausgrenzung sozialer Randgruppen
- **Gesellschaftliche Werte:** Wertepluralismus, Abnahme der von vielen Menschen geteilten Normen und Werte durch
  - die Auflösung herkömmlicher sozialer Milieus (z. B. dem im Ruhrgebiet ehemals weitverbreiteten Bergarbeitermilieu)
  - die Schwächung überlieferter Traditionen
  - die schwindende Bindekraft der christlichen Kirchen
- **Familie:** Instabile Familienstrukturen bzw. unsichere familiäre Bindungen aufgrund
  - des Wandels von Ehe und Familie: gestiegene Zahl von Scheidungen, Alleinerziehenden, Patchwork-Familien
  - der demografischen Entwicklung: hohe Zahl von Kindern, die ohne Geschwister aufwachsen
  - von Störungen der emotionalen Beziehungsqualität in den Familien: emotionale Desintegration z. B. durch Gewalterfahrungen, das Selbstwertgefühl verletzende Umgangsformen oder eine instrumentelle Einstellung der Eltern gegenüber ihrem Kind
  - von inkonsistentem Elternverhalten

  Die Familie ist ein **zentraler Einflussfaktor** für die **Verunsicherung** von Jugendlichen. Wenn Jugendliche in ihren Familien nicht die notwendige Aufmerksamkeit, Anerkennung und Unterstützung bekommen, schlägt sich das auf ihr Selbstwertgefühl nieder und verunsichert sie.
- **Institutionen:** Geringere Bindekraft von Institutionen, sichtbar durch
  - abnehmende Mitgliederzahlen in Vereinen, Parteien und Verbänden (z. B. Gewerkschaften)
  - abnehmende Teilnahme an politischen Wahlen
- Die mit dem Individualisierungsprozess verbundenen Risiken führen bei vielen Jugendlichen zu **Verunsicherung**, die sich in emo-

tionaler Form, z. B. in Zukunftsängsten und einem niedrigen Selbstwertgefühl, oder in Form von Handlungsunsicherheiten zeigen kann. Dies gilt insbesondere für Jugendliche mit Desintegrationserfahrungen. Eine mögliche Form der Verarbeitung von Unsicherheitsgefühlen ist **gewalttätiges Verhalten**. Bei Menschen mit Desintegrationserfahrungen ist das Risiko deshalb größer, dass ihre Hemmschwelle gegenüber Gewalt sinkt, als bei Menschen, die gesellschaftlich und familiär gut integriert sind.

- Gewalttätiges Verhalten kann **unterschiedliche Motive** haben:
  - **Expressive Gewalt** wird ausgeübt, um aggressive Spannungen auszuleben, Macht auszuüben und Statusgewinn über Stärke zu erzielen. Dies ist häufig bei Gewalt unter Jugendlichen der Fall. Da diese Form von Gewalt oft unberechenbar ist, die Opfer beliebig ausgewählt werden und Zufälle dabei eine große Rolle spielen, erscheint sie vielen Menschen als besonders bedrohlich.
  - **Instrumentelle Gewalt** wird bewusst als Mittel eingesetzt, um ökonomische oder soziale Ziele zu erreichen, die man ohne den Einsatz von Gewalt nicht erreichen kann.
  - **Regressive Gewalt** ist politisch und ideologisch motiviert. Es geht dabei – zumindest vordergründig – um Gewalt gegen politische Gegner oder Menschen anderer Nationalität oder ethnischer Herkunft.
  - **Autoagressive Gewalt** richtet sich gegen die eigene Person. Sie ist ein Ventil für psychische Spannungen, für die eine Person keine anderen Ausdrucksmöglichkeiten hat.

Pädagogische Handlungsmöglichkeiten

- Nach Heitmeyer wirken sich alle Maßnahmen allgemein positiv und auch gewaltpräventiv aus, die Kindern und Jugendlichen **Desintegrationserfahrungen ersparen** und dazu beitragen, dass sie **Anerkennung** erhalten und ein positives Selbstwertgefühl entwickeln. Schulische Institutionen und die Bildungspolitik können einen wertvollen Beitrag zur Verbesserung der sozialen Integration leisten.
- Eine generelle **Verbesserung der Bildungschancen** für Kinder und Jugendliche aus bildungsfernen Elternhäusern ist dringend not-

wendig, nicht nur, damit weniger junge Menschen schulische Misserfolge erleben, die ihr Selbstwertgefühl verringern, sondern auch, damit sich ihre Berufsaussichten und somit ihre Chancen zur späteren **ökonomischen und sozialen Teilhabe** verbessern. Alle Maßnahmen, wie z. B. Frühförderung und sonstige Programme, welche die schulischen Leistungen von Kindern und Jugendlichen verbessern, sind wertvoll.

- Schulen sollten ein breites Spektrum an sportlichen, künstlerischen und sonstigen Aktivitäten anbieten, mit denen Kinder und Jugendliche ihr Können erproben und Erfolge erzielen können. Dies ist ein wichtiger Beitrag zur **vielseitigen Bildung** der Schüler, von dem insbesondere auch diejenigen profitieren können, die wegen schwacher Unterrichtsleistungen keine oder wenig schulische Anerkennung bekommen und deswegen von der Schule frustriert sind.
- Auch Sportvereine, Jugendgruppen und Freizeitangebote für Kinder und Jugendliche können einen wichtigen Beitrag zur sozialen Integration leisten.

9 Förderung von Entwicklungsprozessen aus systemischer Sicht: Stierlin

Helm (Wilhelm) Stierlin

- * 1926
- Psychiater, Psychoanalytiker und Familientherapeut, Begründer der Heidelberger systemischen Familientherapie
- 1974–1991 Ärztlicher Direktor der Abteilung für psychoanalytische Grundlagenforschung und Familientherapie der Universität Heidelberg

---

Bezüge zu anderen Abiturthemen
- Sozialisation als Rollenlernen nach Mead
- Hurrelmanns Modell der produktiven Realitätsverarbeitung
- Erklärungsansätze für Gewalt und Möglichkeiten der Prävention
- Symbolischer Interaktionismus nach Krappmann

Theoretische Grundlagen

- Sozialer **Konstruktivismus:** Jeder Mensch macht sich ein Bild von der Welt und **konstruiert seine eigene Wirklichkeit**. Die zwischenmenschliche Realität wird in der Interaktion der Menschen miteinander geschaffen.
- Biologie: In organischen Systemen sind alle Elemente durch Beziehungen miteinander verbunden und beeinflussen sich wechselseitig. Lebende Systeme organisieren sich selbst und entwickeln durch äußere Anstöße neue Ordnungen.

Kerngedanken

- Familien sind **Systeme**, in denen sich alle Familienangehörigen wechselseitig beeinflussen. In den familiären Beziehungsprozessen gibt es **keine linearen Ursachen-Wirkungs-Ketten**, sondern die Verhaltensweisen der Mitglieder bedingen sich gegenseitig.

- Das Beziehungssystem zwischen Eltern und einem Kind wird als **Triade** bezeichnet. Eine gesunde Triade ist dadurch gekennzeichnet, dass alle Personen die Freiheit haben, die ablaufenden Prozesse zu kommentieren und ihre Gefühle auszudrücken, die Möglichkeit haben, ihre Wahrnehmungen zu überprüfen und dass sie nicht gezwungen sind, sich konform zu verhalten. In Triaden kommt es zu dem Dilemma, dass die Gemeinschaft aus drei Personen besteht, sich zu einem bestimmten Zeitpunkt häufig aber nur zwei Personen in einer bedeutsamen Interaktion befinden.
- Im Laufe der Zeit ändern sich in Familien die Struktur und die Art der Beziehungen: Kinder verlassen irgendwann das Haus, führen ihren Partner bzw. ihre Partnerin in die Familie ein, bekommen Kinder, Eltern trennen sich manchmal, gehen neue Partnerschaften ein etc. Im Laufe dieser Prozesse muss immer wieder eine **Homöostase** (ein Gleichgewichtszustand) hergestellt werden. In gut funktionierenden Familien werden Veränderungen akzeptiert.
- In Familien wechseln sich Gleichgewichts- und Ungleichgewichtszustände permanent ab. Das Familiensystem muss ständig neu **kalibriert** werden.
- Ziel der Erziehung ist eine **bezogene Individuation**. Damit ist gemeint, dass zwischen Eltern und Kindern eine tragfähige Beziehung besteht und gleichzeitig die Kinder sich von ihren Eltern abgrenzen und individuell entwickeln können. Es soll zwischen Eltern und Kindern eine **demokratische Partnerschaftlichkeit** und **liebende Streitkultur** geben.
- Jugendkrisen entstehen aus dem **Dilemma von Individuation und Delegation**. Jugendliche wollen sich vom Elternhaus abnabeln und ihren eigenen Weg finden (**Individuation**); gleichzeitig sind sie bestrebt, die elterlichen Erwartungen zu erfüllen (**Delegation**).
- Funktionierende Familien finden einen Mittelweg zwischen zu stark und zu schwach ausgeprägter Bindung. Problematisch für die Persönlichkeitsentwicklung von Kindern sind Familien, in denen entweder ein zu starker oder zu schwacher familiärer Zusammenhalt existiert. Stierlin bezeichnet Ersteres als **verstrickende Bindung**, Letzteres als **Ausstoßung**. Bei beiden Familienformen erhöht sich

die Anfälligkeit der Kinder und Jugendlichen für psychische und körperliche Störungen.

- **Verstrickende Bindung:** In Familien, deren Mitglieder emotional verstrickt, d. h. durch zu enge emotionale Bande quasi wie mit Stricken aneinandergebunden sind, wirken **zentripetale, nach innen gerichtete Kräfte**. Den Familienmitgliedern fällt es schwer, sich und die anderen als eigenständige Persönlichkeiten zu sehen. Abgrenzung wird leicht als „Verrat" angesehen. In Familien, die eine **zentripetale Individuationsdynamik** aufweisen, treten bei den Kindern gehäuft psychosomatische Störungen wie z. B. Magersucht auf.
- **Ausstoßung:** In Familien, deren Mitglieder zu wenig miteinander verbunden sind und in denen die Kinder emotional und sozial vernachlässigt werden, **wirken zentrifugale, nach außen gerichtete Kräfte**. Die Familien bieten den Kindern zu geringen inneren und äußeren Halt und zu wenig Orientierung; häufig verlassen die Kinder sehr früh die Familie. Es besteht bei Kindern aus solchen Familien eine erhöhte Suchtanfälligkeit und Gefährdung für Gewalt und Delinquenz (Kriminalität).
- Negative Konsequenzen für die Persönlichkeitsentwicklung von Kindern und Jugendlichen hat es, wenn in Familien die **Generationsgrenzen** nicht ausreichend beachtet werden. Dies geschieht z. B., wenn ein Elternteil das Kind als Bündnispartner gegenüber dem anderen Elternteil benutzt (**Triangulation**) oder wenn ein Kind elterliche Aufgaben erfüllen, z. B. sich um die Versorgung jüngerer Geschwister kümmern muss (**Parentifizierung**).
- Damit Jugendliche sich vom Elternhaus ablösen können, muss eine **Balance zwischen zentripetalen und zentrifugalen Kräften** herrschen. Ein gelungener Ablösungsprozess liegt dann vor, wenn Jugendliche eine **bezogene Individuation** aufweisen.

Sichtweise der systemischen Familientherapie

- Wenn ein Familienmitglied psychische, psychosomatische oder psychosoziale Probleme hat, sich also z. B. gewalttätig verhält, so ist die gesamte Familie davon betroffen.
- Das Familienmitglied, das selbst Probleme hat oder anderen Probleme bereitet, trifft keine individuelle Schuld an seinem Verhalten. Es zeigt vielmehr an, dass eine Störung im Familiensystem vorliegt. Sein problematisches Verhalten wird als **Lösungsversuch** für ein Problem gesehen, welches das Familienmitglied nicht bewältigen kann. Häufig erfüllen die Symptomträger eine wichtige systemstabilisierende Funktion. Sie können z. B. den Zusammenhalt der Eltern stärken.
- Im Rahmen der Therapie wird nicht nach den Ursachen für die Probleme, sondern nach **Problemlösungen** gesucht.
- Die Arbeit ist nicht vergangenheits-, sondern **zukunftsorientiert:** Es sollten nicht alte Muster abgelegt, sondern neue Muster hinzugewonnen werden.
- Die Arbeit ist nicht defizit-, sondern **ressourcenorientiert**. Es wird nicht ergründet, was nicht funktioniert, sondern über welche Ressourcen die Familie zur Lösung ihrer Probleme verfügt.
- Da es keine vom Beobachter unabhängige Wirklichkeit gibt, steht der Therapeut nicht außerhalb der Gruppe und analysiert das Geschehen, sondern er ist Teil des Therapie-Settings. Er sieht sich nicht als Experte, der am besten weiß, was für die Familie gut ist, sondern er sieht die Familienmitglieder als Experten zur Lösung ihrer Probleme an. Seine Aufgabe besteht darin, Anstöße zu geben, damit das Familiensystem in Bewegung kommt.
- Das Verhalten von Familienmitgliedern wird auch davon beeinflusst, wie sie das Verhalten der anderen interpretieren. Ziel ist es, dass sich die **Denkmuster** der Familienmitglieder sowie der **Umgang** miteinander **verändern**.
- In der systemischen Familientherapie werden spezielle Techniken angewandt, wie z. B. **zirkuläre Fragen**, bei denen nicht direkt die Interaktionspartner angesprochen werden, sondern „um die Ecke“ gefragt wird, z. B.: „Wie sehen Sie als Vater die Beziehung zwi-

schen Ihrer Tochter und Ihrer Frau?“ Die Antworten auf derartige Fragen zeigen die Perspektiven der verschiedenen Mitglieder einer Familie auf und geben Aufschluss über komplexe Beziehungsmuster. Eine andere Methode ist die der **Skulpturarbeit:** Die Familienmitglieder werden gebeten, sich in Form einer Skulptur aufzustellen und auf diese Weise die Beziehungen zwischen den einzelnen Mitgliedern sichtbar zu machen.

Anwendungsbereiche der systemischen Familientherapie

- Drogenabhängigkeit
- Essstörungen
- Depressionen
- psychosomatische Störungen
- Verhaltensstörungen bei Kindern und Jugendlichen (Schulschwänzen, Gewaltdelikte etc.)

Normen und Ziele in der Erziehung

1 Erziehung im Nationalsozialismus

Bezüge zu anderen Abiturthemen
- Sozialisation als Rollenlernen nach Mead
- Hurrelmanns Modell der produktiven Realitätsverarbeitung
- Moralentwicklung nach Kohlberg
- Interkulturelle Erziehung und Bildung nach Nieke
- Symbolischer Interaktionismus nach Krappmann

Zentrale Begriffe

- **Erziehungsstaat (Ernst Krieck):** Nicht nur die Erziehungsinstitutionen (Familie/Kindergarten/Schule) hatten die Aufgabe, die Menschen zum nationalsozialistischen Typus zu erziehen, sondern der gesamte Staat. Egal, ob im Berufsleben oder in der Freizeit, immer sollte dafür Sorge getragen werden, dass die Deutschen sich konformistisch im Sinne der NS-Ideologie verhielten (Beispiel: Begrüßung durch Hitlergruß).
- **Erziehung zum Typus:** Formung des Kindes und Jugendlichen zu einem nationalsozialistisch denkenden und fühlenden Menschen durch **Formationserziehung**; bei den Jungen erfolgte sie zunächst im **Jungvolk**, im Anschluss daran in der **Hitlerjugend** (HJ), bei den Mädchen zunächst bei den **Jungmädeln** und anschließend im **Bund deutscher Mädel** (BDM).

  Beispiele für Methoden der Formationserziehung:
  - Massenaufmärsche
  - Gelöbnisse und Appelle
  - Marschieren in der Kolonne
  - Sport und Freizeit in Lagern

Nationalsozialistische Erziehungsziele

- **Ziele der körperlichen Ertüchtigung:**
  - körperliche Gesundheit
  - Abhärtung für das spätere Leben
  - Kraft
  - Gewandtheit
  - Vorbereitung auf das Soldatentum bzw. auf die Mutterschaft
- **Ziele der Charakterbildung:**
  - Entschlussfreudigkeit
  - Willenskraft
  - Selbstvertrauen
  - Überlegenheitsgefühl
  - Treue
  - Bereitschaft zum absoluten Gehorsam
  - Opferbereitschaft
  - Selbstbeherrschung
- **Oberstes Erziehungsziel: Formung des Menschen zum „nationalsozialistischen Typus"**, also zu einem Menschen, der völkisch – d. h. in Kategorien von Volk und Rasse – denkt und fühlt. Männer sollten dem Ideal des selbstbewussten und selbstbeherrschten Soldaten und Frauen dem Ideal der treuen Gefährtin des Mannes, die eine große Kinderschar aufzieht, entsprechen.
- **Ideologische Ziele:**
  - Rassistisches Denken/Glaube an eine Herrenrasse: „Die gesamte Bildungs- und Erziehungsarbeit […] muss ihre Krönung darin finden, dass sie den Rassesinn und das Rassegefühl instinkt- und verstandesmäßig in Herz und Gehirn der ihr anvertrauten Jugend hineinbrennt." (Hitler in „Mein Kampf")
  - Sozialdarwinistisches Denken: Es gilt das „Recht der Stärkeren": „Der Stärkere hat zu herrschen und sich nicht mit dem Schwächeren zu verschmelzen, um so die eigene Größe zu opfern." (Hitler in „Mein Kampf")
  - Entwicklung von Nationalstolz und Nationalgefühl
  - Völkisches Denken: „Du bist nichts, dein Volk ist alles!"
  - Führerprinzip: „Führer befiehl, wir folgen!"

- Aus heutiger Sicht **fehlende Erziehungsziele:**
  - Reflexionsvermögen
  - Kritikfähigkeit
  - intellektuelle Fähigkeiten
  - Empathie
  - Kreativität
  - Weckung von Neugier und Forscherdrang
- **Wichtigste Ziele der Schulbildung im Nationalsozialismus:** ideologische Indoktrination und körperliche Fitness
- **Funktion der Schule im Nationalsozialismus:** Vorrangig war die Formung des Charakters im Sinne der nationalsozialistischen Ideologie, nachrangig die Vermittlung wissenschaftlicher Kenntnisse. Die Funktion der Schule im Nationalsozialismus war somit nicht in erster Linie die Qualifikations-, sondern die Sozialisationsfunktion.
- **Bildungsverständnis der nationalsozialistischen Pädagogik:** Bildung im Sinne einer humanistischen Bildung, welche dem Individuum zur Mündigkeit verhelfen will, lehnten die Nationalsozialisten vehement ab, weil sie in diametralem Gegensatz zum von ihnen angestrebten nationalsozialistischen Menschentyp steht.

Zusammenhang von Gesellschaft und Schule

Ideologie/Merkmale der NS-Gesellschaft	Erziehungsziele	vermittelt z. B. in den Fächern	angewandte Methoden
Diktatur/ Führerprinzip	Erziehung zu Unterordnung / Folgsamkeit	• Geschichte: negative Darstellung der Demokratie in der Weimarer Republik	• Verwendung des „Hitlergrußes“ • harte Bestrafung bei Ungehorsam • körperlicher Drill • Ausschluss von Juden und anderen politisch unerwünschten Gruppen aus der Schule • politische Indoktrination der Lehrerschaft
Militarismus (Vorbereitung auf den Krieg)	• körperliche Abhärtung • Erziehung zum Gehorsam	• Sport • Geschichte: Begründung der Kriegsmotivation z. B. über die „Ungerechtigkeiten des Versailler Vertrags“ von 1918	
Ideologie von der „Volksgemeinschaft“	Nationalstolz/ Zusammenhalt	• Deutsch /Geschichte: Heldensagen über die Germanen • Erdkunde: z. B. Legende vom „Volk ohne Raum“	
Rassenideologie / Antisemitismus	Abwertung/ Ausgrenzung	• Biologie: „Rassenkunde“ • Deutsch: in Schulbüchern enthaltene Falschbehauptungen sowie Bilder, die Juden negativ und stereotyp darstellen	
Sozialdarwinistische Ideologie	Verachtung von Schwachen	• Biologie: wissenschaftlich falsche Übertragung des Evolutionsprinzips auf menschliche Gemeinschaften • Mathematik: Rechenaufgaben dazu, wie viel Steuergeld für Behinderte ausgegeben wird	

Weltanschauung/Merkmale der BRD-Gesellschaft	Erziehungsziele	Umsetzung im schulischen Alltag
Demokratie und Meinungsfreiheit	Erziehung zum mündigen Bürger	• offene Unterrichtsformen • entsprechende Unterrichtsinhalte in den geistes- und sozialwissenschaftlichen Fächern (Geschichte, Sozialwissenschaften etc.) • demokratische Mitbestimmung z. B. durch Schülergremien
pluralistische, multikulturelle Gesellschaft (unterschiedliche Interessengruppen, unterschiedliche Wertvorstellungen)	Toleranz	
Gleichheitsgrundsatz (Grundgesetz)	Jeder Mensch hat dasselbe Recht auf Bildung.	• Zugang zu Bildung unabhängig von Geschlecht und Herkunft
„Die Würde des Menschen ist unantastbar“ (Grundgesetz), Recht auf körperliche Unversehrtheit	Achtung und Respekt vor jedem Menschen	• Verbot körperlicher Züchtigung • Verbot von Diskriminierungen
Leistungsgesellschaft	Erzielung möglichst hoher Bildungsabschlüsse	• hohe Bedeutung von Schulabschlüssen • hohe Bedeutung von Noten • Zentralabitur
Wissensgesellschaft	Vermittlung fachtheoretischer Kenntnisse (Qualifikationsfunktion)	• wissenschaftspropädeutischer Unterricht

2 Moralentwicklung nach Kohlberg

Lawrence Kohlberg

- * 1927, † 1987
- 1948: Studienbeginn im Fach Psychologie
- 1958: Dissertation über die moralische Entwicklung des Menschen
- 1968–1987: Professor für Erziehungswissenschaft und Sozialpsychologie in Harvard

---

Bezüge zu anderen Abiturthemen

- Eriksons psychosozialer Erklärungsansatz
- Kognitive Entwicklung nach Piaget
- Erklärungsansätze für Gewalt und Möglichkeiten der Prävention
- Erziehung im Nationalsozialismus
- Bildungs- und Schultheorie: Reaktionen auf PISA

Kerngedanken

- Kohlbergs Studien zur Entwicklung des moralischen Urteils bauen auf Piagets Forschungen zur Entwicklung von Moral bei Kindern und Jugendlichen auf und führen diese weiter.
- Kohlberg geht davon aus, dass die Moralentwicklung eines Menschen unmittelbar mit dessen **kognitivem Urteilsvermögen** zusammenhängt: Mit zunehmendem Alter berücksichtigen Kinder und Jugendliche beim moralischen Urteilen die Absichten der Handelnden stärker. Dabei spielt es auch eine Rolle, inwieweit sich ein Mensch kognitiv in die Situation eines anderen Menschen hineinversetzen und dessen Perspektive übernehmen kann.
- Zur Erforschung der Moralentwicklung hat Kohlberg empirische Studien durchgeführt. Dabei arbeitete er mit **Dilemmageschichten**, in denen moralische Konflikte geschildert wurden, zu denen die Probanden Stellung beziehen sollten. Sehr bekannt geworden ist das „**Heinz-Dilemma**“: Der mittellose Heinz steht vor der Frage, wie er seiner todkranken Frau ein sehr teures Medikament beschaffen soll. Da der Apotheker sich weigert, es zu einem Preis abzu-

geben, der für Heinz bezahlbar wäre, beschließt er, das Medikament zu stehlen.

- Für Kohlberg war es bei der Auswertung der Dilemmageschichten **nicht von Bedeutung, welche Entscheidung** die Probanden zur Lösung des Problems trafen, sondern **welche Begründung** sie für ihre Entscheidung abgaben. Daran konnte er nämlich erkennen, auf welcher Moralstufe sie argumentierten.
- Kohlbergs Theorie zur moralischen Entwicklung ist eine **kognitive Entwicklungstheorie**. Kritiker werfen ihm vor, dass er die **Bedeutung von Gefühlen** für die moralische Entwicklung von Menschen **ausblende**.
- Kohlberg ging davon aus, dass moralischen Handlungen immer ein Urteil darüber vorausgehen müsse, was richtig oder falsch ist. Hierzu könnte man kritisch anmerken, dass das moralische Urteilsvermögen eines Menschen nichts darüber aussagt, ob er auch bereit ist, **moralisch zu handeln:** Es kann durchaus sein, dass jemand zwar ein bestimmtes moralisches Urteil fällt, dann aber nicht danach handelt. Moralisches Urteilsvermögen ist also nur eine Komponente für moralisches Handeln.
- Wie sich in der Zeit des NS-Regimes gezeigt hat, hängt moralisches Handeln auch nicht immer von der kognitiven Entwicklung ab: Viele Menschen, die Juden gerettet hatten, waren schlichte Menschen mit einem geringen Bildungsniveau, die aber über „Herzensbildung“ verfügten.
- Diese kritischen Einwände gegen Kohlbergs Theorie ändern aber nichts daran, dass er mit seinem Stufenmodell der Moralentwicklung ein bedeutsames Theoriekonzept entworfen hat, mit dem sich weltweit viele Wissenschaftler auseinandergesetzt haben, und das viele wichtige pädagogische Impulse liefert.

2.1 Stufenmodell der Moralentwicklung

- Nach Kohlberg entwickelt sich in allen Kulturen das **moralische Urteilsvermögen** in einem Prozess, der **drei Niveaus** umfasst, die immer in derselben Reihenfolge erreicht werden. Von Niveau zu Niveau erhöht sich die **Komplexität** des moralischen Urteilsvermögens. Jedes der drei Niveaus umfasst zwei Stufen, wobei sich die einzelnen Stufen nicht ganz trennscharf voneinander unterscheiden lassen.

- Auf einem **niedrigen Niveau der Moralentwicklung** orientieren sich die Moralvorstellungen von Menschen an **Autoritäten** und folgen **Kosten-Nutzen-Erwägungen**. Eine **hoch entwickelte Moral** löst sich von der Orientierung an anderen und folgt **allgemeinen ethischen Prinzipien**. Kohlberg unterscheidet folgende Niveaus:
  1. **Präkonventionelles Niveau:** Dieses Niveau ist typisch für die meisten Kinder unter neun Jahren, es ist aber manchmal auch noch bei Jugendlichen anzutreffen.
     - **Stufe 1:** Moralisches Verhalten wird gezeigt aus Angst vor **Bestrafung**.
     - **Stufe 2:** Moralisches Verhalten folgt **Kosten-Nutzen-Erwägungen** oder dem **Prinzip der Reziprozität**, nach dem Motto „Wie du mir, so ich dir“.
  2. **Konventionelles Niveau:** Der Großteil aller Jugendlichen und Erwachsenen befindet sich auf diesem Niveau.
     - **Stufe 3:** Moralisches Verhalten wird gezeigt, um **akzeptiert** bzw. **nicht abgelehnt** zu werden.
     - **Stufe 4:** Moralisches Verhalten ist an **Gesetz und Ordnung** orientiert.
  3. **Postkonventionelles Niveau:** Dieses Niveau wird nur von einer Minderheit aller Erwachsenen erreicht.
     - **Stufe 5:** Die Moral ist ausgerichtet am **sozialen Vertrag** und hat das **Gemeinwohl** im Blick; die Moral richtet sich also danach, ob etwas gut für die Menschen ist.
     - **Stufe 6:** Die Moral ist an **allgemeinen ethischen Prinzipien** wie z. B. dem der Gerechtigkeit orientiert.

2.2 Pädagogische Förderung der Moralentwicklung

- Die Grundlagen für das moralische Urteilsvermögen und Moralempfinden eines Menschen werden durch die Familie gelegt. Im Laufe der weiteren Sozialisation spielen zusätzlich auch die Interaktionen mit Gleichaltrigen und die Erfahrungen, die in Institutionen gesammelt werden, eine bedeutsame Rolle.

- **Moralerziehung** geschieht durch die **Förderung moralischer Urteilsfähigkeit**. **Ziel** der Moralerziehung ist es, Kinder und Jugendliche durch pädagogische Impulse dazu anzuregen, eine **höhere Stufe des moralischen Urteilsvermögens** zu erreichen. Ein didaktisches Prinzip hierfür ist die Diskussion von **Dilemmasituationen**.
- Nach Kohlberg ist moralische Erziehung in der Schule eine **demokratische Erziehung**, die der Idee von **Gerechtigkeit** folgt.
- In den von Kohlberg initiierten **„Just-Community"-Schulen** werden **demokratische Prinzipien** nicht nur gelehrt, sondern auch **institutionell umgesetzt**. Dies geschieht, indem die Jugendlichen an allen relevanten Entscheidungen, die sie unmittelbar betreffen, beteiligt werden:
  - Regelmäßig werden **Vollversammlungen** abgehalten, in denen Lehrkräfte und Schüler dieselben Stimmrechte haben.
  - Die Schüler sind in zahlreichen **Komitees und Ausschüssen** vertreten und können dort ihre Anliegen vorbringen.
- Wie sich gezeigt hat, stößt dieses Konzept demokratischer Partizipation in großen Schulen schnell an **Grenzen**, weil es zu aufwendig wäre, wenn immer alle Entscheidungen von allen getroffen würden. Man kann es dann lediglich auf einzelne Abteilungen, Gruppen etc. anwenden.
- Kohlbergs Überlegungen zur Schulung des Urteilsvermögens bieten Anregungen für den Unterricht in vielen Fächern. Nicht nur in den geisteswissenschaftlichen Fächern, sondern auch z. B. im Fach Biologie werden immer wieder einmal **ethische Fragen** aufgeworfen, über die dann kontrovers diskutiert wird. Geschulte Lehrkräfte könnten ihre Schüler durch die richtige Präsentation von Fragestellungen zu moralischen Konflikten dazu animieren, zu komplexeren Urteilsbegründungen und damit auf eine höhere Stufe moralischer Argumentation zu gelangen. Voraussetzung dafür wäre allerdings, dass die Lehrkräfte **zeitliche Freiräume** hätten, und nicht eine enorme Stoffmenge und eine zu große Zahl von Kompetenzen im Unterricht vermitteln müssten, um den Lehrplänen zu genügen.

3 Bildungs- und Schultheorie: Reaktionen auf PISA

Bezüge zu anderen Abiturthemen

- Sozialisation als Rollenlernen nach Mead
- Hurrelmanns Modell der produktiven Realitätsverarbeitung
- Erklärungsansätze für Gewalt und Möglichkeiten der Prävention (Heitmeyer)
- Erziehung im Nationalsozialismus
- Moralentwicklung nach Kohlberg („Just-Community"-Schulen)
- Interkulturelle Erziehung und Bildung nach Nieke
- Symbolischer Interaktionismus nach Krappmann

Funktionen des Schulsystems

- Wir leben in einer **Leistungs- und Wissensgesellschaft**, in welcher der schulischen Bildung ein hoher Stellenwert beigemessen wird. Die **Schulbildung** erfüllt eine doppelte Aufgabe: Einerseits dient sie der **Reproduktion der Gesellschaft**, andererseits der persönlichen **Entwicklung des Individuums**. Nach **Helmut Fend** übernimmt das Schulsystem dabei **vier verschiedene gesellschaftliche Funktionen:**
  - Die **Sozialisationsfunktion:** In der Schule werden **Normen und Werte** vermittelt, die für das Leben in einer Gesellschaft relevant sind. Unter die Sozialisationsfunktion fällt auch die **Enkulturationsfunktion**. Darunter versteht man den Teil des Sozialisationsprozesses, durch den Menschen in ihrer jeweiligen Kultur heimisch werden. Dazu gehören grundlegende kulturelle Kompetenzen wie z. B. die Fähigkeit, kulturelle Symbole entschlüsseln zu können.
  - Die **Qualifikationsfunktion:** Schulen vermitteln Kenntnisse und Fertigkeiten, die für die spätere Teilhabe am Arbeitsprozess bedeutsam sind. Sie dienen somit der **ökonomischen Reproduktion** einer Gesellschaft.
  - Anhand von Bildungsabschlüssen und Schulzertifikaten wird der Zugang zu Ausbildungsgängen und Berufspositionen gere-

gelt. Die Schule stellt somit die Weichen für die Erlangung bestimmter **gesellschaftlicher Positionen**. Dies nennt man **Allokationsfunktion** oder auch **Selektionsfunktion**. Die Schule trägt somit zur **Reproduktion der Sozialstruktur** einer Gesellschaft bei.
  - Schulen haben eine **politische Integrations- und Legitimationsfunktion**. Sie dienen zur **Stabilisierung des bestehenden politischen Systems**. Dies geschieht in expliziter Weise vor allem in den geistes- und sozialwissenschaftlichen Fächern, aber auch in impliziter Form: Viele Menschen in unserer Gesellschaft glauben, jeder habe die Möglichkeit, über schulische Leistungen und entsprechende Bildungszertifikate sozial aufzusteigen. Dabei wird aber übersehen, dass ein enger Zusammenhang zwischen Schichtzugehörigkeit und schulischen Leistungen besteht. Die Verinnerlichung des Leistungsdenkens trägt somit zu einer politischen Stabilisierung des Gesellschaftssystems bei, weil durch sie die ungleichen Bildungschancen und damit die unterschiedlichen Möglichkeiten zur ökonomischen und sozialen Teilhabe verschleiert werden.

- Aus der Perspektive des Individuums betrachtet lassen sich die Funktionen der Schuldbildung folgendermaßen zusammenfassen:
  - Schulbildung dient der **kulturellen Teilhabe** und trägt zur **Identitätsentwicklung** bei.
  - Sie vermittelt Kenntnisse und Fähigkeiten, die für die spätere **Berufstätigkeit** wichtig sind.
  - Sie ermöglicht es, bestimmte **Bildungsgänge** abzuschließen und eine Lebensplanung vorzunehmen.
  - Sie trägt zur (späteren) **politischen Teilhabe** bei.

- Untersucht man, wie sich einzelne Funktionen des Schulsystems in den letzten Jahrzehnten entwickelt haben, kann man folgende Trends feststellen:
  - **Sozialisations-/Enkulturationsfunktion:** Die Bedeutung dieser Funktion ist in den letzten Jahrzehnten gestiegen, weil die erzieherischen Aufgaben in unserer Gesellschaft anspruchsvoller geworden und viele Familien damit zunehmend überfordert sind. Schulen müssen daher immer häufiger **Sozialisationsdefizite**

kompensieren und erzieherische Aufgaben übernehmen. Außerdem ist unsere Gesellschaft heterogener geworden, und der soziale Zusammenhalt hat abgenommen. Dies stellt Schulen vor neue Herausforderungen in Bezug auf die soziale Integration.

- **Qualifikationsfunktion:** In unserer hoch entwickelten Wissensgesellschaft steigen die Ansprüche an die Qualifikationen der Arbeitnehmer, und dementsprechend steigen auch die Anforderungen an die schulische Bildung. So wird z. B. heutzutage großer Wert auf fremdsprachliche Kenntnisse gelegt.
  Neben den spezifischen fachtheoretischen Kompetenzen sollen im Unterricht zunehmend auch **allgemeine gesellschaftlich wichtige Kompetenzen** vermittelt werden: Medienkompetenz, interkulturelle Kompetenz, Sensibilisierung für Umweltprobleme („Bildung für nachhaltige Entwicklung"), Sensibilisierung für Gender-Aspekte sowie der Umgang mit Heterogenität (Inklusion).
  So wichtig es ist, in den genannten Bereichen Kompetenzen zu erwerben, so kann dies im Unterricht nicht quasi „nebenbei" geschehen. Dies gilt ebenso für die Sozialisationsaufgaben, welche die Schule in zunehmendem Maße übernehmen muss. Die vielfältigen Anforderungen an das Bildungssystem bringen die Gefahr mit sich, dass das „Kerngeschäft" der Schule, nämlich die **fachliche Qualifizierung**, vernachlässigt wird.
- **Allokationsfunktion:** Mit der **Bildungsexpansion**, die seit den Sechzigerjahren stattgefunden hat, hat die Konkurrenz um höherwertige Bildungsabschlüsse stetig zugenommen. Heutzutage macht ungefähr die Hälfte eines Schülerjahrgangs Abitur. Je mehr Schülerinnen und Schüler aber das Abitur erlangen, desto mehr verringert sich der relative Wert dieses Zertifikats und desto mehr spielen die Zensuren eine Rolle. Nur mit guten oder sehr guten Noten hebt man sich noch von der Masse der Mitschüler ab und erhält Zugang zu begehrten Ausbildungs- oder Studiengängen. Der Druck steigt, gute Noten zu erzielen, und es kommt zu einer Inflationierung guter Noten.

Die PISA-Studien

- Die PISA-Studien (Programme for International Student Assessment) sind ein internationales Programm, das die **Schulleistungen fünfzehnjähriger Schülerinnen und Schüler** untersucht und damit erforscht, welchen Leistungsstand Jugendliche am Ende der Pflichtschulzeit haben.
- Die erste PISA-Studie wurde im Jahr 2000 durchgeführt; weitere Studien erfolgten jeweils im Abstand von drei Jahren.
- Die PISA-Studien werden mit hohem wissenschaftlichem Aufwand betrieben. So wurden in der ersten PISA-Studie weltweit insgesamt 180 000 Schülerinnen und Schüler getestet. Die Ergebnisse der Studien sind repräsentativ, haben also eine hohe Aussagekraft.
- An der ersten PISA-Studie nahmen insgesamt 32 Staaten teil, die meisten von ihnen gehören zu der aus 34 Mitgliedsstaaten bestehenden OECD (Organisation für wirtschaftliche Zusammenarbeit und Entwicklung).
- Auftraggeber sind die jeweiligen Regierungen. Das Datenmaterial der Studien dient als Grundlage für die Verbesserung der nationalen Bildungssysteme.
- Den Studien liegt das **Literacy-Konzept** zugrunde: Es untersucht **Basiskompetenzen** im Bereich des Textverständnisses (**Reading Literacy**) sowie der Mathematik (**Mathematical Literacy**) und der Naturwissenschaften (**Scientific Literacy**), die für die soziale und kulturelle Teilhabe an einer Gesellschaft als fundamental erachtet werden.
- Die Aufgaben bei den PISA-Studien sind so angelegt, dass nicht spezielles Fachwissen abgefragt wird, das die Schüler reproduzieren müssen, sondern die Schüler müssen über grundlegende Kenntnisse verfügen, die sie auf Problemstellungen aus dem Alltagsleben anwenden sollen. Die PISA-Studien testen somit **nicht das Allgemeinwissen, sondern Basiskompetenzen** für eine aktive Teilnahme am gesellschaftlichen Leben.
- Die Auswertung der ersten PISA-Studie im Jahr 2000 enthüllte **zwei zentrale Mängel** des deutschen Schulsystems:

- Die Leistungen der deutschen Schülerinnen und Schüler lagen **unterhalb des OECD-Durchschnitts**; über 20 Prozent des getesteten Jahrgangs verfügten **nicht über die Basiskompetenzen**, die für die ökonomische, soziale und kulturelle Teilhabe an unserer Gesellschaft erforderlich sind. Diese Ergebnisse waren für ein hoch entwickeltes Industrieland wie Deutschland, das im internationalen Wettbewerb steht und auf hoch qualifizierte Arbeitskräfte angewiesen ist, alarmierend.
- In Deutschland besteht ein besonders hoher **Zusammenhang von Schulleistungen und soziokultureller Herkunft:** Die Unterschiede in den getesteten Kompetenzen von Jugendlichen aus höheren und niedrigeren Sozialschichten waren größer als in den meisten anderen untersuchten Ländern. Dies zeigt, dass es dem deutschen Bildungssystem schlechter als dem vieler anderer Länder gelang, herkunftsbedingte Benachteiligungen zu kompensieren. Kinder aus **ökonomisch schwachen Elternhäusern** sowie die Kinder von **Migranten** stellten die **Mehrheit der Risikoschüler**.

• Die auf die erste PISA-Studie folgenden Studien haben gezeigt, dass sich mittlerweile die durchschnittlichen Leistungen deutscher Schülerinnen und Schüler gebessert haben und inzwischen teilweise **über dem OECD-Durchschnitt** liegen. Der Anteil von Jugendlichen, die über keine Basiskompetenzen verfügen, ist unter 20 % gesunken. Nach wie vor existiert aber noch eine **erhebliche Streuung der Leistungen:**

- Es gibt große Leistungsunterschiede zwischen den Schülerinnen und Schülern der verschiedenen **Bundesländer**.
- Die Bedeutung der **sozialen und kulturellen Herkunft** für die Schulleistungen von Schülern hat abgenommen, aber nach wie vor spiegeln sich die sozialen Faktoren in starkem Maß in den Leistungen der Schüler wider. Zwar haben sich die Schulleistungen von Migrantenkindern verbessert, doch sind sie immer noch unterdurchschnittlich.
- Die **Leseleistungen** von Mädchen und Jungen unterscheiden sich stark: Im Durchschnitt sind die Mädchen den Jungen in diesem Bereich weit voraus.

Konsequenzen des „PISA-Schocks" für das Bildungswesen

- Der Stellenwert der **frühkindlichen Bildung** ist gestiegen. Der Kindergarten wird als wichtige **Bildungsinstitution** gesehen, die große Bedeutung für die Förderung der frühkindlichen Entwicklung hat und dazu beiträgt, die Bildungschancen für Kinder aus sozial benachteiligten Elternhäusern zu erhöhen. Dementsprechend wichtig ist es, dass in vorschulischen Einrichtungen genügend qualifiziertes Personal vorhanden ist.
- Der **Ausbau von Ganztagsschulen** wird vorangetrieben. Dies hat zwei Gründe: Zum einen sollen herkunftsbedingte Bildungsbenachteiligungen kompensiert werden, zum anderen sollen Familien unterstützt werden, in denen beide Eltern berufstätig sind.
- In vielen Bundesländern wird die **Struktur des Sekundarschulsystems verändert**. Der Trend geht im Bereich der Sekundarstufe 1 zu einem **zweigliedrigen Schulsystem**, bestehend aus dem Gymnasium als der einen Säule und – unter unterschiedlichen Bezeichnungen in den verschiedenen Bundesländern – Sekundarschulen als der anderen Säule. Hauptschulen werden nach und nach aufgelöst, da sie zu „Restschulen" geworden sind, deren Absolventen auf dem Arbeitsmarkt als chancenlos gelten. Gleichzeitig ist das Schulsystem durchlässiger geworden, sodass es Schülern häufiger gelingt, einen höherwertigen Abschluss zu machen.
- In der Bildungspolitik erfolgte ein Paradigmenwechsel von einer **Input-Orientierung zu einer Output-Orientierung:** Der Fokus der Aufmerksamkeit verschob sich vom zu erwerbenden Lernstoff, also dem, was Schüler **inhaltlich lernen sollen**, zu den zu erbringenden **Lernergebnissen**, also zu den **Kompetenzen**, die Schüler tatsächlich erworben haben. Die Kultusminister der Bundesländer führten weitreichende Reformen durch:
  - Es wurden **standardisierte Überprüfungen** des Schulerfolgs eingeführt. Dazu gehören zentrale **Lernstandserhebungen** in bestimmten Klassenstufen und zentrale Abschlussprüfungen wie z. B. das Zentralabitur in NRW.
  - Die stoffgebundenen Lehrpläne wurden abgelöst von **kompetenzorientierten Kernlehrplänen**. Da allerdings Kompetenzen immer anhand konkreter Inhalte erworben werden müssen und

diese nicht völlig beliebig sind, ist in vielen Schulfächern die zu bewältigende Stoffmenge nicht geringer geworden.

- An den Schulen wird Wert auf eine **Individualisierung des Unterrichts** und auf **individuelle Förderung** der Schüler gelegt. Dazu sollen z. B. kooperative Lernformen beitragen.

Schulen als Bildungsinstitutionen

- In der deutschen Bildungstradition, die durch das **humanistische Bildungsverständnis** von Wilhelm von Humboldt geprägt ist, sind Schulen nicht nur Institutionen zur Wissensvermittlung, sondern Bildungseinrichtungen zur **allseitigen Förderung der Persönlichkeit** der Schülerinnen und Schüler. Ein humanistisches Bildungsverständnis im Sinne von Wilhelm von Humboldt bedeutet:
  - Bildung wird als **Selbstbildung** angesehen: Der Mensch möchte aus eigenem Antrieb seine ihm innewohnenden Kräfte entwickeln.
  - Ziel von Bildung ist **der mündige Mensch:** Bildung soll den Menschen dazu anregen, sich zu einer selbstbestimmten, individuell denkenden und verantwortungsvoll handelnden Persönlichkeit zu entwickeln.
  - Bildung hat einen **Eigenwert** und ist **nicht utilitaristisch** nur auf bestimmte Zwecke ausgerichtet.
  - Sie dient der **allseitigen Förderung** der menschlichen Fähigkeiten. Deshalb gehören nicht nur die klassischen, sondern auch die musischen und die künstlerischen Fächer zum Bildungskanon.
- Der Pädagoge Wolfgang Klafki konkretisiert diesen Bildungsansatz. Vermittelt werden soll in Schulen nicht nur theoretisches Wissen, sondern auch
  - handwerklich-technische Bildung,
  - Ausbildung zwischenmenschlicher Beziehungsmöglichkeiten,
  - ästhetische Wahrnehmungs-, Gestaltungs- und Urteilsfähigkeit sowie
  - ethische und politische Handlungsfähigkeit.

Kritik an der Bildungspolitik nach PISA

- Nach humanistischem Bildungsverständnis reicht der Bildungsauftrag der Schule über die Vermittlung gesellschaftlich nützlichen Wissens weit hinaus: Bildung hat einen **Eigenwert**, und die Schule sollte Kinder und Jugendliche möglichst **allseitig fördern**. Sie sollte ihnen die Möglichkeit geben, nicht nur für **kognitive Leistungen Anerkennung** zu bekommen, sondern auch für ihre Leistungen in Kunst, Musik, Werken, Sport sowie für soziale Aktivitäten. Die Bildungspolitik nach PISA trägt dazu bei, dass dieses **Bildungsideal** noch weiter aus den Augen verloren wird, als das ohnehin schon der Fall war.
- Das Interesse der OECD-Länder an vergleichenden Bildungsstudien ist vorrangig **ökonomisch** begründet und von daher einseitig.
- Die PISA-Tests prüfen nur **Kompetenzen in den Bereichen von Textverständnis, Mathematik und Naturwissenschaften**. Anderweitige Kompetenzen bleiben unberücksichtigt. Das verstärkt eine Tendenz, die ohnehin schon an vielen Schulen zu beobachten ist, dass nämlich Fächer wie Kunst, Musik und Sport als zweitrangig erachtet werden.
- Als Folge von PISA wurden standardisierte Leistungsmessungen eingeführt. Seitdem trainieren die Lehrkräfte mit ihren Schülern das Beherrschen bestimmter Fertigkeiten, die in den Standards festgelegt sind. Das birgt die Gefahr, dass zu viel Wert auf die **ausschließliche Prüfungsvorbereitung** gelegt wird.
- Bildung hat zwar etwas mit Kompetenzen zu tun, sehr viel aber auch mit Inhalten. Es ist **nicht beliebig, anhand welcher Inhalte bestimmte Kompetenzen erworben** werden.
- Schülerinnen und Schüler entwickeln eine **eigenständige Motivation zum Lernen**, wenn ein Inhalt oder eine Fragestellung sie interessiert, und nicht dann, wenn es bestimmte Kompetenzen zu erwerben gilt.
- Im Widerspruch zu dem output-orientierten Konzept der kompetenzorientierten Lehrpläne steht die Tatsache, dass in vielen Fächern die **Stofffülle**, und somit der Input, deutlich zugenommen hat. Dies kann dazu führen, dass komplexere theoretische Zusam-

menhänge im Unterricht nicht mehr behandelt werden können und stattdessen eine „**Häppchenpädagogik**“ Einzug hält.

- Seit den PISA-Studien steht der **Effizienzgedanke** im Vordergrund. So wichtig die Effizienz des Unterrichts auch ist, so darf sie nicht einzig und allein ausschlaggebend sein: Bildung erfolgt nicht immer geradlinig, sondern muss manchmal Umwege in Kauf nehmen.
- Bildung hat etwas mit **Selbstbildung** zu tun. Sie lässt sich nicht von außen steuern und in Form von Kompetenzen direkt abbilden.
- Bei aller Kritik an den bildungspolitischen Konsequenzen, die aus den PISA-Studien gezogen wurden, muss doch **positiv** festgehalten werden, dass die Studien neuralgische Punkte im deutschen Bildungssystem offengelegt und die im Anschluss daran erfolgten **Reformen** dazu geführt haben, dass sich in den vergangenen Jahren das **schulische Leistungsniveau** deutscher Schülerinnen und Schüler insgesamt **verbessert** hat.

4 Interkulturelle Erziehung und Bildung nach Nieke

Wolfgang Nieke

- * 1948
- Studium der Soziologie, Erziehungswissenschaft, Philosophie, Psychologie und Germanistik
- 1991 Habilitation mit einer Arbeit über interkulturelle Erziehung
- 1993–2013: Professor für Allgemeine Pädagogik an der Universität Rostock
- Forschungsthemen: Bildung, Interkulturelle Erziehung und Bildung, Umweltbildung, Identitätsbildung

Bezüge zu anderen Abiturthemen

- Freuds psychosexueller Erklärungsansatz
- Sozialisation als Rollenlernen nach Mead
- Hurrelmanns Modell der produktiven Realitätsverarbeitung
- Erklärungsansätze für Gewalt und Möglichkeiten der Prävention (Rauchfleisch)
- Moralentwicklung nach Kohlberg
- Bildungs- und Schultheorie: Reaktionen auf PISA
- Symbolischer Interaktionismus nach Krappmann

Vorbemerkung

- Seit über fünf Jahrzehnten ist Deutschland ein Einwanderungsland. Als Antwort auf die damit verbundenen Herausforderungen hatte sich in den Siebziger- und Achtzigerjahren in der Pädagogik die Teildisziplin „**Ausländerpädagogik**" herausgebildet. Es handelte sich dabei um eine Art **Sonderpädagogik für Ausländerkinder**. Sie zielte vorrangig auf eine bessere gesellschaftliche Integration der Generation der damaligen „**Gastarbeiterkinder**" durch die Kompensation von Sprach- und Bildungsdefiziten ab.
- In den Neunzigerjahren wurde dieser defizitorientierte pädagogische Ansatz, in dem die notwendigen Integrationsleistungen aus-

schließlich aufseiten der Einwanderer verortet wurden, zugunsten einer **interkulturellen Pädagogik** aufgegeben, die Integration als Aufgabe der **gesamten Gesellschaft** ansieht.

- Mit dem Beschluss der Kultusministerkonferenz von 1996 über „Interkulturelle Bildung und Erziehung" wurde festgelegt, dass die interkulturelle Erziehung eine **Querschnittsaufgabe** für sämtliche Schulfächer ist, d. h. in allen Schulfächern thematisiert werden soll.
- Das pädagogische Konzept von Nieke entspricht dem Verständnis von interkultureller Pädagogik, wie es die Kultusministerkonferenz im Jahr 1996 ausgeführt hat. Danach ist der **Perspektivwechsel** ein Schlüssel zur Entwicklung von **Toleranz** gegenüber fremdartigen Lebensentwürfen. Er **stärkt die Identität** von Schülerinnen und Schülern und hilft bei der gesellschaftlichen Integration.

Kerngedanken

- In seinem 1995 veröffentlichten und 2008 aktualisierten Werk „Interkulturelle Erziehung und Bildung, Wertorientierungen im Alltag" zeigt Nieke auf, dass in Zuwanderungsgesellschaften der konstruktive Umgang zwischen Menschen, die eine unterschiedliche Hautfarbe und ethnische Zugehörigkeit sowie einen unterschiedlichen kulturellen Hintergrund aufweisen, ein anspruchsvolles Unterfangen ist. Die hierfür erforderlichen **Kompetenzen** müssen durch **Erziehung und Bildung** erworben werden.
  - **Ethnien** sind Volksgruppen, die aus einem bestimmten Gebiet stammen und eine gemeinsame Kultur aufweisen. Unter Kultur versteht man gemeinsame Symbol- und Sinnsysteme wie Sprache, Kunst und Religion, Weltbilder und Deutungsmuster sowie die mit ihnen verbundenen Wertvorstellungen.
  - Der Begriff „**Erziehung**" meint in diesem Zusammenhang die Vorbereitung für das Zusammenleben in einer pluralistischen, multikulturellen Gesellschaft. Der Begriff „**Bildung**" bezieht sich hier auf die schulische Seite dieses Lernens, wobei der Akt der Bildung durch die Schule zwar unterstützt werden kann, es aber letztlich in der Verantwortung des Individuums liegt, ob es sich weiterbilden will.

- Interkulturelle Erziehung und Bildung geht **alle** etwas an, Einheimische ebenso wie Migranten. Interkulturelle Bildung richtet sich an alle Schüler in **jeder Schulstufe und Schulform**, selbst dann, wenn in einer Schule gar keine Schülerinnen und Schüler mit Migrationshintergrund unterrichtet werden.
- Allgemeines Ziel der interkulturellen Erziehung und Bildung ist der **Aufbau interkultureller Kompetenzen**, und zwar sowohl **kognitiver** als auch **affektiver** und **handlungsbezogener Kompetenzen**.
- **Interkulturelle Handlungskompetenz** bedeutet nach Nieke für die Angehörigen der Mehrheitskultur und der Minderheitskulturen etwas Unterschiedliches:
  - Bei Zuwanderern und ihren Kindern äußert sich interkulturelle Kompetenz in der Fähigkeit, mit den **widersprüchlichen Anforderungen** von zwei – oder sogar mehr – Kulturen **konstruktiv umgehen zu können**.
  - Bei den Angehörigen der Mehrheitskultur zeigt sich interkulturelle Kompetenz darin, dass sie Angehörigen anderer Kulturen **mit Achtung begegnen**.
- Nieke stellt ein **Konzept zur interkulturellen Erziehung und Bildung** vor, das auf folgenden theoretischen Grundlagen basiert:
  - Entsprechend einem **humanistischen Weltbild** sind die **Menschenrechte universal gültig**. Nieke weiß, dass dieses Menschen- und Gesellschaftsbild europäisch geprägt ist und insofern im Grunde keine allgemeine Gültigkeit beanspruchen kann. Er bekennt sich jedoch zu einer **Position universaler Humanität** und leitet daraus ab, dass Menschen aus unterschiedlichen Kulturen dieselben Rechte auf Anerkennung und Wertschätzung zustehen, wie sie den Angehörigen der Mehrheitskultur zugebilligt werden, sofern sie nicht gegen grundlegende Prinzipien des demokratischen Rechtsstaats und des Grundgesetzes der BRD verstoßen.
  - Die **Psychoanalyse** zeigt auf, dass das menschliche Denken und Handeln größtenteils durch unbewusste Prozesse bestimmt wird. Des Weiteren weist sie darauf hin, dass Emotionen die Einstellungen von Menschen maßgeblich beeinflussen. Nieke geht da-

von aus, dass der Umgang mit Fremden bei vielen Menschen zu Gefühlen von Befremdung und Angst führt, die abgewehrt werden.
  - Die Philosophen Karl-Otto Apel und Jürgen Habermas haben sich mit der Frage nach der **Ethik von Diskursen** auseinandergesetzt. Auf der Grundlage ihrer philosophischen Ansätze entwickelt Nieke eine **Ethik der Verständigung bei interkulturellen Konflikten**.
- Niekes Konzept verbindet Elemente aus verschiedenen Ansätzen der interkulturellen Pädagogik:
  - Aus einem **konfliktorientierten Ansatz** der interkulturellen Pädagogik kommt der Grundsatz, dass Konflikte im Diskurs der verschiedenen Interessengruppen bearbeitet werden sollen.
  - Aus **begegnungsorientierten Ansätzen** der interkulturellen Pädagogik stammt z. B. sein Grundsatz, dass es zwischen der Kultur der Mehrheitsgesellschaft und den Kulturen von Minderheiten Möglichkeiten gegenseitiger kultureller Bereicherung gibt.

Zehn Ziele interkultureller Erziehung und Bildung

1 Erkennen des eigenen, unvermeidlichen Ethnozentrismus

- Jeder Mensch ist in seiner Kultur tief verwurzelt, weil seine Lebenswelt von seiner Kultur durchdrungen ist. Deshalb denken und fühlen die meisten Menschen auch sehr ethnozentrisch, d. h. sie interpretieren und bewerten das Verhalten von Angehörigen anderer Kulturen aus ihrer eigenen Perspektive heraus.
- **Ziel der interkulturellen Erziehung und Bildung** ist nach Nieke ein „**aufgeklärter Ethnozentrismus**". Darunter versteht er die Einsicht, dass das eigene Denken und die persönlichen Werturteile durch den Kulturkreis, in dem man aufgewachsen ist, in starkem Maße geprägt sind und dass Menschen aus anderen Kulturkreisen in ihrem Denken und ihren Werturteilen ebenso stark von ihrem Kulturkreis geprägt sind.
- Ein „aufgeklärter Ethnozentrismus" ist nach Nieke die Grundlage zur Erlangung **interkultureller Kompetenz**. Darunter versteht er die Fähigkeit, in der Kommunikation mit Menschen aus anderen Kulturkreisen um die gegenseitige Verhaftung in der je-

weiligen Kultur zu wissen und die damit verbundenen Schwierigkeiten so zu thematisieren, dass der Gesprächspartner nicht von vornherein den Eindruck vermittelt bekommt, er sei rückständig oder denke falsch. Gefordert ist somit die Fähigkeit zum **Perspektivwechsel**.

2 Umgehen mit Befremdung

- Gefühle von Befremdung sollen aufgearbeitet werden. Dazu gehört, dass die emotionalen Aspekte beim Aufeinandertreffen unterschiedlicher Kulturen offen thematisiert werden können. **Ambivalente Gefühle** sollen somit nicht unterdrückt, sondern der Umgang mit ihnen erlernt werden.
- Feste und Feierlichkeiten bieten die Chance, **positive Erfahrungen mit fremden Kulturen** zu machen, und können möglicherweise dazu beitragen, Neugier auf die fremde Kultur zu entwickeln und dadurch die Angst vor dem Fremden zu überwinden.

3 Grundlegen von Toleranz

- Lebensformen von Migranten sollen toleriert werden, selbst dann, wenn das Verhalten stark irritiert und verunsichert, weil es den eigenen Orientierungen und Werturteilen widerspricht.
- Die Toleranz findet aber dann Grenzen, wenn Basisbedingungen des Zusammenlebens missachtet werden.

4 Akzeptieren von Ethnizität/Rücksichtnehmen auf die Sprache von Minoritäten

- Ethnische Minderheiten pflegen ihre Sprache und ihre kulturellen Besonderheiten. Dies muss von der Mehrheitsgesellschaft akzeptiert werden. Sie kann nicht von Migranten verlangen, dass diese sich an die Kultur der Mehrheitsgesellschaft assimilieren und sich z. B. so kleiden, wie das allgemein üblich ist. In Kindergärten, Schulen etc. sollte deutlich werden, dass die Herkunftssprache der Kinder und Jugendlichen geachtet wird.
- In Schulen sollten die Kinder und Jugendlichen die Möglichkeit haben, ihre Religion kennenzulernen.
- Akzeptanz von Ethnizität ist kein einfaches Patentrezept, sondern eine handlungsregulierende Orientierung. Kulturelle Unterschiede sollten nicht zu stark betont werden, anderseits sollten

sie nicht verschwiegen werden, da sie unterschwellig vorhanden und wirksam sind.

5 Thematisieren von Rassismus

- Es soll ein Bewusstsein für – mitunter auch subtile Abwertungen – von Menschen mit anderer Hautfarbe oder Kultur geschaffen und klargestellt werden, dass rassistische Äußerungen nicht akzeptiert werden.

6 Das Gemeinsame betonen, gegen die Gefahr des Ethnizismus

- Ethnizismus bedeutet, dass Menschen in der Wahrnehmung von anderen einem bestimmten Kulturkreis zugeordnet werden und als andersartig als die Mehrheitsbevölkerung angesehen werden. Die Gefahr dabei ist, dass sie auf eine kulturelle Identität festgelegt werden, die sie vielleicht gar nicht haben, und dass sie den damit verbundenen Zuschreibungen nicht entkommen können. So kann es sein, dass es vielleicht den Kulturkreis in der angenommenen Form gar nicht allgemein gibt – was z. B. zeichnet das „Deutschsein" aus? – oder dass er nicht mehr in der angenommenen Form besteht.
- Deshalb sollten die Unterschiede zwischen den Menschen nicht allzu sehr betont werden und stattdessen viel mehr die Gemeinsamkeiten zwischen ihnen herausgestrichen werden.

7 Ermunterung zur Solidarität; Berücksichtigen der asymmetrischen Situation zwischen Mehrheit und Minderheit

- Angehörige der Mehrheitsgesellschaft sollten sich für die Belange von Minderheiten, z. B. für deren rechtlichen und politischen Schutz einsetzen. In der Schule könnten z. B. gemeinsam ausländerfeindliche Graffiti beseitigt werden.

8 Einüben in Formen vernünftiger Konfliktbewältigung; Umgehen mit Kulturkonflikt und Kulturrelativismus

- Wenn in Konflikten unterschiedliche Sichtweisen und Wertungen aufeinanderprallen, sollte nach vernünftigen Formen der Konfliktbewältigung gesucht werden. Dazu gehört, dass alle am Konflikt Beteiligten mit ihren jeweils unterschiedlichen Sichtweisen und Wertungen gleichermaßen in die Suche nach einer Lösung des Konflikts einbezogen werden. Die Dominanz der modernen Weltsicht und von städtischen und mittelschichtorientierten Perspektiven soll hinterfragt werden.

- Aber: Es darf **keinen Kulturrelativismus** geben! Damit ist gemeint, dass z. B. bei Zwangsverheiratungen etc. keine Zugeständnisse unter Hinweis auf „kulturelle Eigenheiten" eingefordert werden können. Wenn es um die grundlegenden Werte der demokratischen Gesellschaft der BRD geht, wie die Einhaltung des Grundgesetzes oder die Wahrung der Menschenrechte, kann es keine Zugeständnisse geben. Jede Kultur hat zwar ihre eigenen Werte und Normen, die es zu respektieren gilt, aber hier ist die Grenze der Toleranz erreicht.

9 Aufmerksam werden auf Möglichkeiten gegenseitiger kultureller Bereicherung

- Elemente fremder Kulturen können als Bereicherung empfunden werden. Die Erfahrung zeigt allerdings, dass von Angehörigen der Mehrheitskultur eher selten Elemente des Lebensstils von Minderheitenkulturen übernommen werden.

10 Thematisieren der Wir-Identität

- Interkulturelle Bildung und Erziehung soll sich nach Nieke nicht darauf beschränken, auf ein vernünftiges Zusammenleben der Angehörigen unterschiedlicher Kulturen in der Nachbarschaft, der Schule oder in einer Stadt hinzuarbeiten. Sie soll eine **Ethik der globalen Verantwortlichkeit** für das soziale Zusammenleben der Völker vermitteln.

Identität und Mündigkeit

1 Symbolischer Interaktionismus nach Krappmann

Lothar Krappmann

- * 1936
- deutscher Soziologe
- Vertreter der Rollentheorie des „Symbolischen Interaktionismus“

Bezüge zu anderen Abiturthemen
- Eriksons psychosozialer Erklärungsansatz
- Sozialisation als Rollenlernen nach Mead
- Hurrelmanns Modell der produktiven Realitätsverarbeitung
- Erziehung im Nationalsozialismus

Kerngedanken

- Interaktionen sind nicht starr festgelegt, sondern weisen Spielräume zum Handeln auf. Um erfolgreich mit anderen Menschen interagieren zu können, müssen Menschen sich selbst darstellen, ihr Gegenüber interpretieren und mit ihm verhandeln können.
- Das Individuum muss eine **Balance** halten zwischen
  - widersprüchlichen Rollenerwartungen,
  - seinen persönlichen Wünschen, Interessen und Bedürfnissen und den sich im Laufe der Zeit verändernden gesellschaftlichen Rollenerwartungen, die an es herangetragen werden, und
  - zwischen dem Bedürfnis, sich als Individuum zu präsentieren, sowie der Notwendigkeit, sich gesellschaftlich zu integrieren.
- Für das kommunikative Handeln sind vier Grundqualifikationen erforderlich, die außerdem die Identitätsentwicklung fördern:
  - **Empathie:** Fähigkeit, sich in die Gefühlswelt und die Erwartungen des Gegenübers hineinzuversetzen

  - **Ambiguitätstoleranz:** Fähigkeit, Widersprüchlichkeiten aushalten zu können
  - **Rollendistanz:** Fähigkeit, sich von außen kritisch zu betrachten und „aus seiner Rolle heraustreten" zu können
  - **Identitätsdarstellung:** Fähigkeit, die eigene Rolle zu spielen und sich dabei gleichzeitig als eigenständige Persönlichkeit zu präsentieren
- Identität ist nicht das Ergebnis eines Vorgangs, der irgendwann einmal abgeschlossen ist, sondern die Identität entwickelt sich in einem **lebenslang dauernden Prozess**, in dem frühere Identitätsentwürfe mit neuen Erwartungen und Bedürfnissen verknüpft werden.
- Ich-Identität wird verstanden als Balance zwischen **personaler Identität** und **sozialer Identität**. Die personale Identität bezieht sich auf die Einzigartigkeit des Individuums („**phantom-uniqueness**") und die soziale Identität auf die Anpassung des Individuums an die Gesellschaft („**phantom-normalcy**"). Eine tragfähige Identität besteht nur dann, wenn das Individuum in der Lage ist, die Balance zwischen beiden Dimensionen herzustellen und zu erhalten.
- Die Familie ist als primäre Sozialisationsinstanz für das Rollenlernen von entscheidender Bedeutung. Aber auch die Gleichaltrigen spielen dabei eine wichtige Rolle, weil Kinder und Jugendliche mit Gleichaltrigen ganz anders agieren und kooperieren können als mit den Eltern. Die Rollen zwischen Gleichaltrigen sind reziprok, d. h. wechselseitig, die Rollen von Eltern und Kindern hingegen sind komplementär, d. h. sie ergänzen sich gegenseitig.
- Ziel der Sozialisation ist der „autonome Mensch", der auch für die Autonomie anderer eintritt. „Autonomie" ist im Sinne von „Mündigkeit" und „Selbstbestimmtheit" gemeint.

2 Pädagogische Förderung von Identität und Mündigkeit

Damit Jugendliche auf kompetente Weise mit anderen Menschen in Interaktion treten, gesellschaftliche Rollen ausfüllen und eine **tragfähige Identität** bilden können, müssen sie bestimmte Kompetenzen entwickeln. Deren Förderung beginnt schon in der frühen Kindheit. Nur wer über diese Kompetenzen verfügt, wird zu einem **mündigen Menschen**. Ein mündiger Mensch ist in der Lage, reflektiert und verantwortungsbewusst gegenüber sich selbst und seinen Mitmenschen zu handeln und im Rahmen der gesellschaftlichen Verhältnisse ein selbstbestimmtes Leben zu führen.

Zentrale Kompetenzen für die Entwicklung von Mündigkeit und einer tragfähigen Identität

- sprachliches Ausdrucksvermögen
- Reflexionsvermögen
- Kritikfähigkeit
- Konfliktfähigkeit
- Frustrationstoleranz
- Ambiguitätstoleranz
- Selbstbewusstsein im Sinne eines Bewusstseins über die eigenen Stärken und Schwächen
- Selbstvertrauen
- soziale Kompetenzen: Empathie und die Bereitschaft, nicht nur die eigenen Interessen zu verfolgen, sondern die Belange der Mitmenschen gleichermaßen zu berücksichtigen
- emotionale Kompetenz: Fähigkeit, eigene Gefühle und die Gefühle der anderen wahrzunehmen und angemessen mit ihnen umzugehen
- Verantwortungsgefühl gegenüber sich selbst und gegenüber seinen Mitmenschen

Förderungsmöglichkeiten der Kompetenzen im Elternhaus und im Kindergarten

- Anerkennung des Kindes in jeder Altersphase als vollwertigen Menschen mit besonderen Bedürfnissen, die beachtet werden müssen
- sichere und tragfähige Bindung ermöglichen
- Unterstützung bei der Bewältigung der phasentypischen Probleme, damit die Kinder die Kompetenzen, die mit jeder Phase verbunden sind, möglichst gut erwerben
- Förderung der Selbstwirksamkeit des Kindes (Montessori: „Hilf mir, es selbst zu tun!)
- Balance finden zwischen Freiräumen und Einschränkungen, zwischen Lustgewinn und Triebverzicht
- die Gewissensbildung unterstützen

Methoden

- Mit dem Kind altersgemäß und situationsgerecht sprechen über
  - seine Gefühle und die Gefühle anderer Kinder
  - seine Erlebnisse
  - seine Ansichten
  - Medieninhalte (Bilderbücher, Kindergeschichten, Fernsehsendungen etc.)
- dem Kind vielfältige Entwicklungsimpulse und Anregungen geben sowie Gelegenheiten, sich zu erproben (musisch, sportlich, intellektuell etc.)
- dem Kind ausreichend Gelegenheit zum Spielen geben

Förderungsmöglichkeiten der Kompetenzen in der Schule

- Rollenspiele
- Kommunikationsspiele
- Gesprächskreise
- kooperative Arbeitsweisen
- Konfliktmediation
- Aushandeln von Gruppenregeln

Stichwortverzeichnis